DRAGON LIZARD LORD .COM

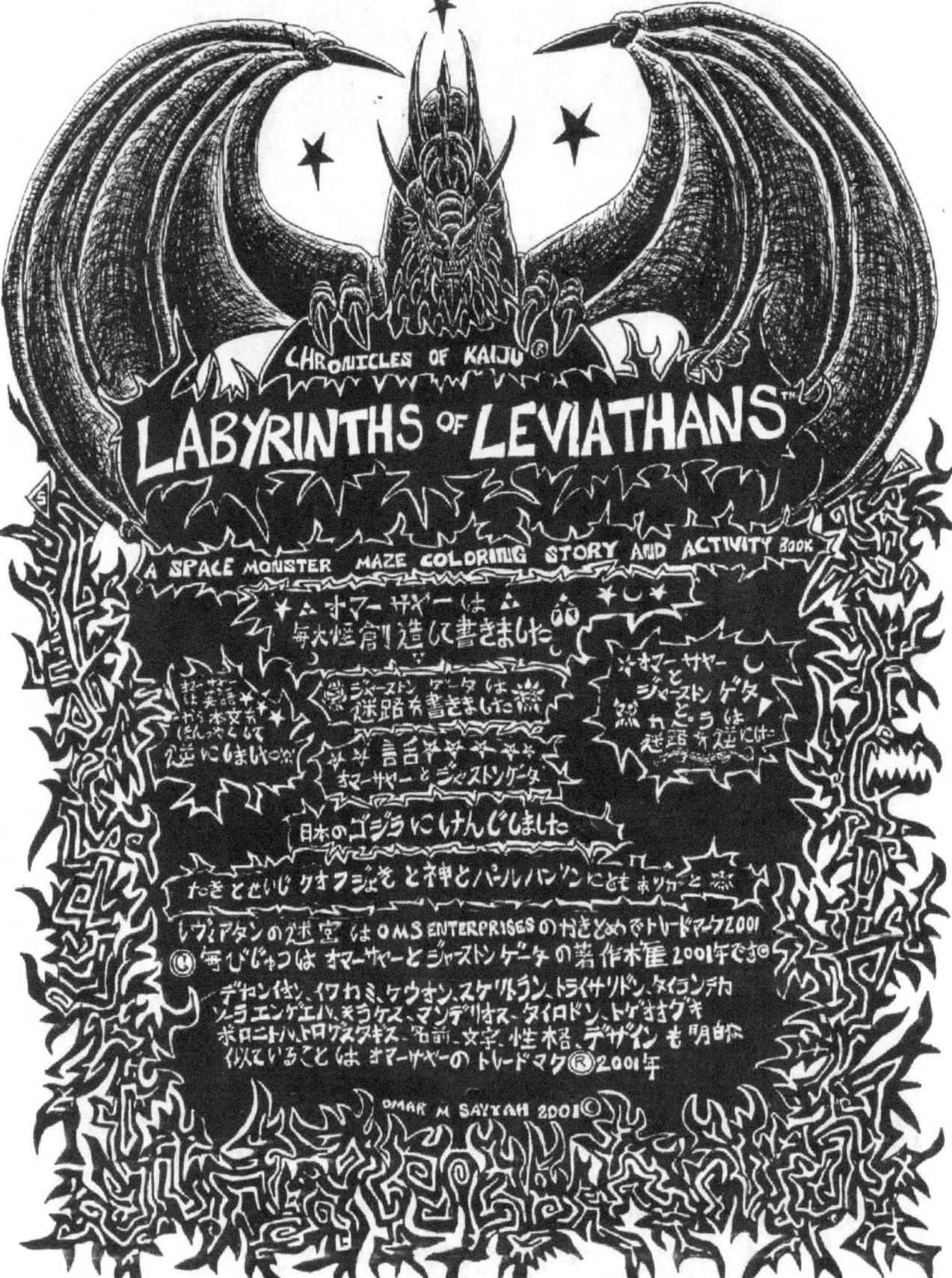

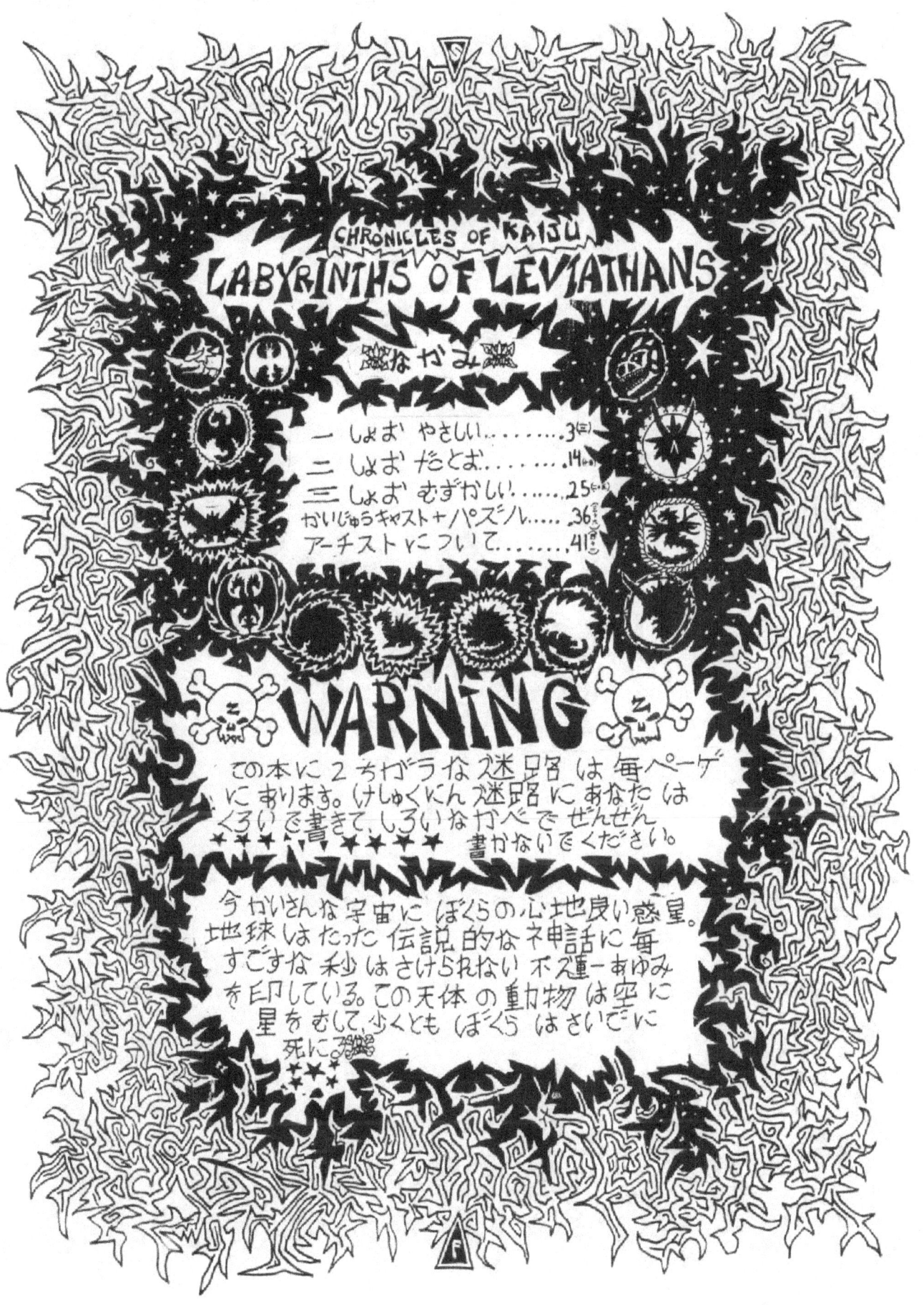

CHRONICLES OF KAIJU
LABYRINTHS OF LEVIATHANS

なかみ

WARNING

この本に2ちがうな迷路は毎ページにあります。けしゅくん迷路にあなたはくろいで書きて、しろいなかべでぜんぜん書かないでください。

今かいさんな宇宙にぼくらの心地良い惑星。地球はたった伝説的なネ申話に毎すごすな秒はさけられない不運ーあゆみを印している。この天体の動物は空に星をむして、少くともぼくらはさいごに死に

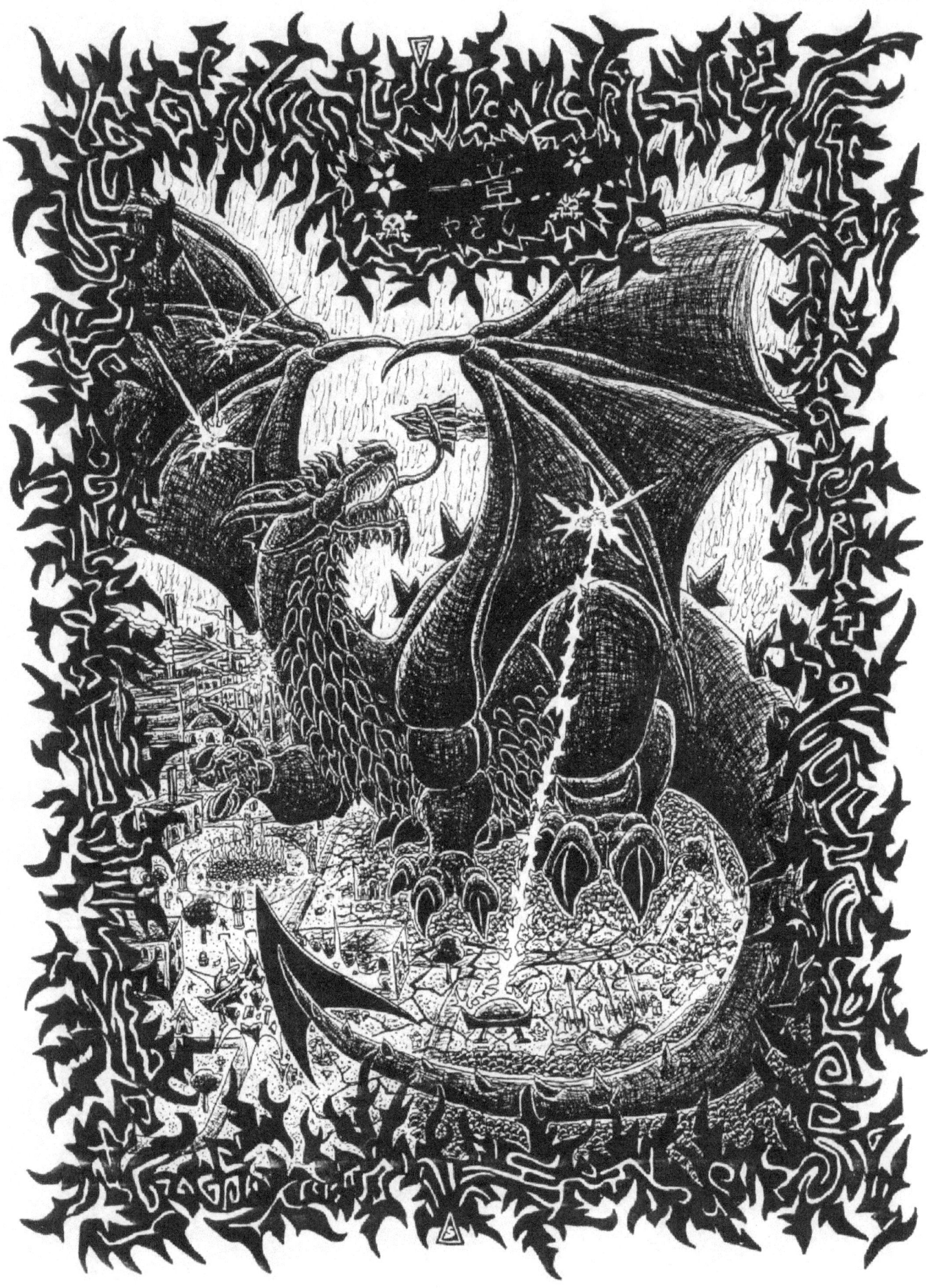

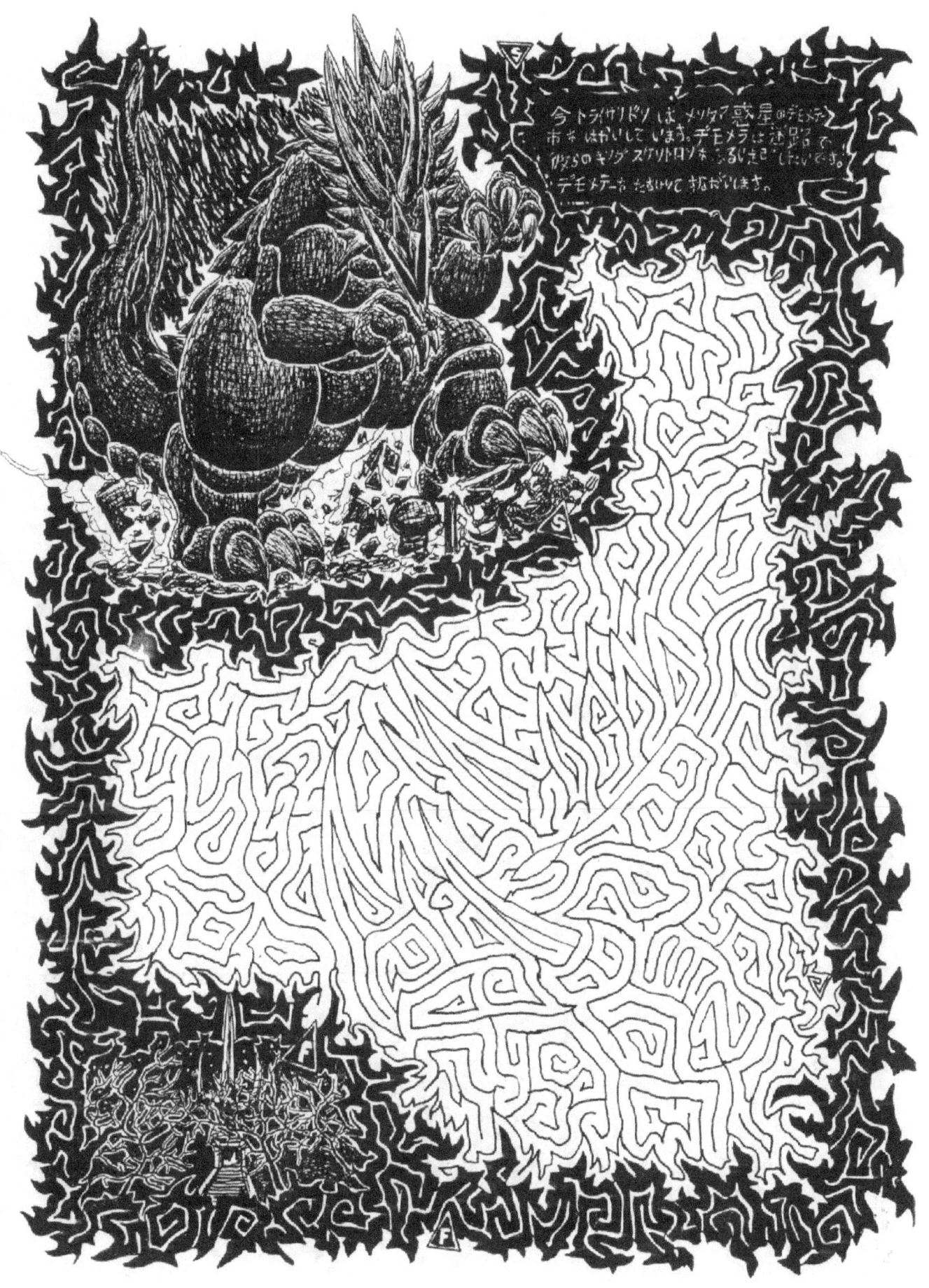

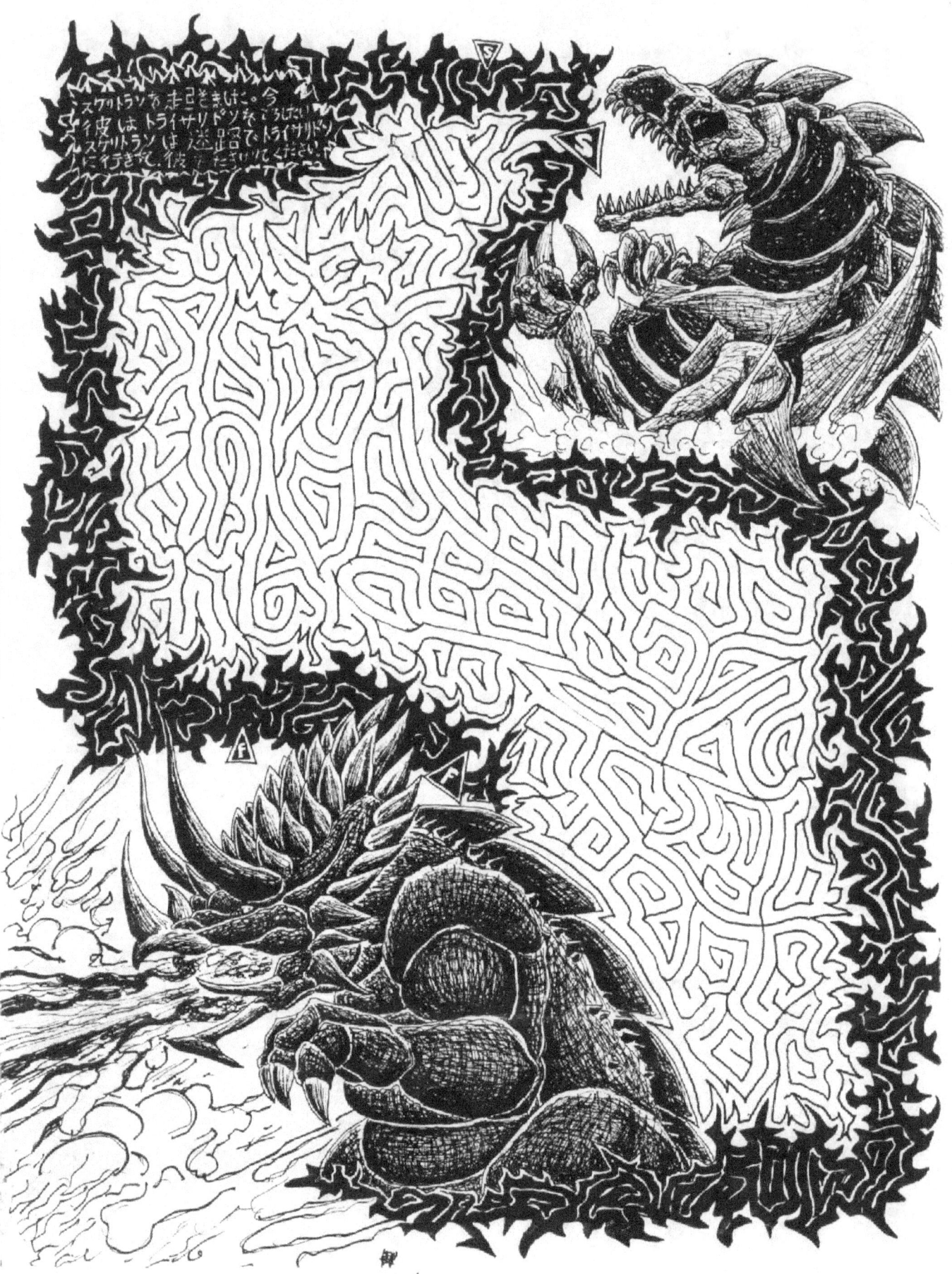

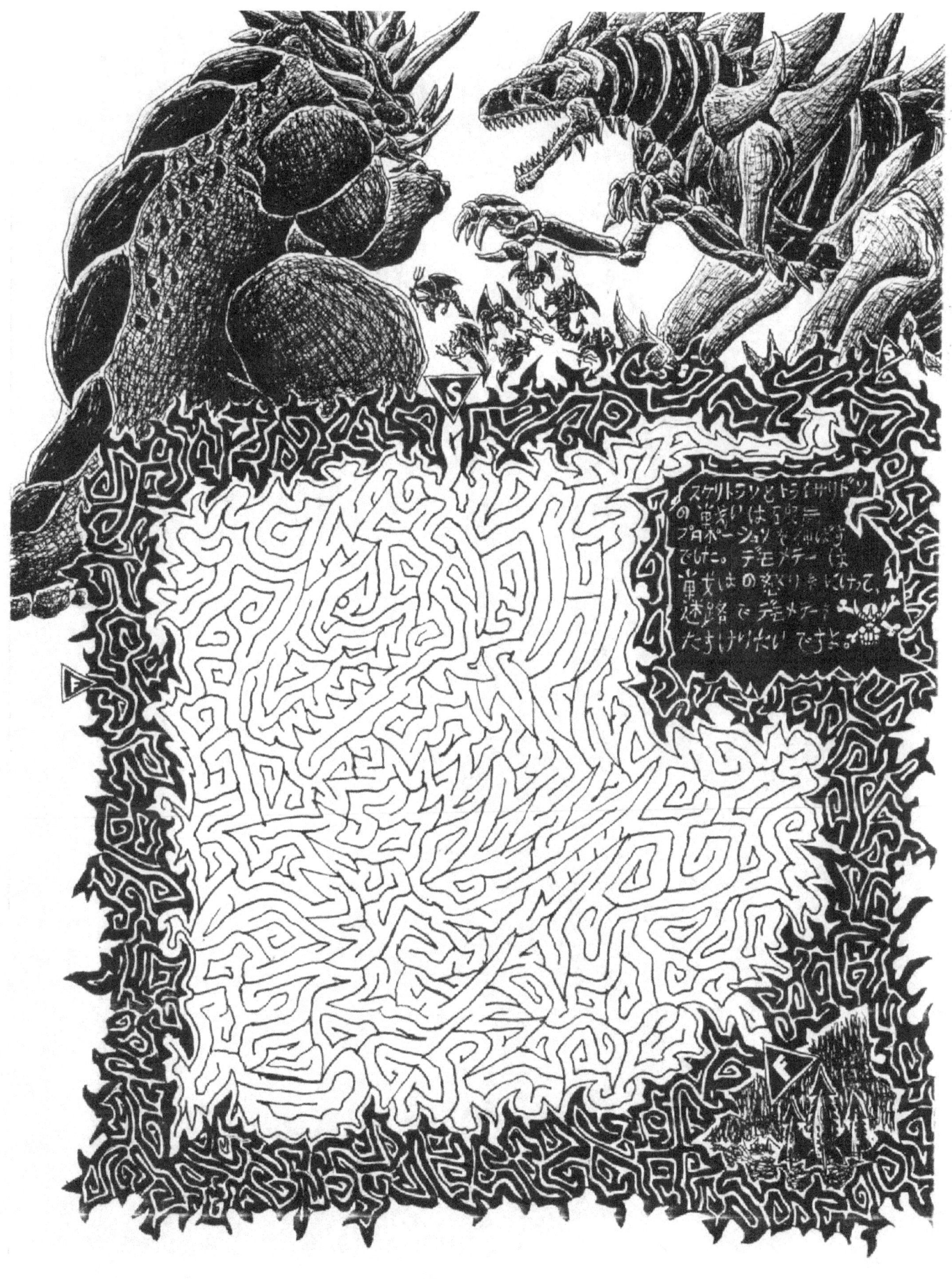

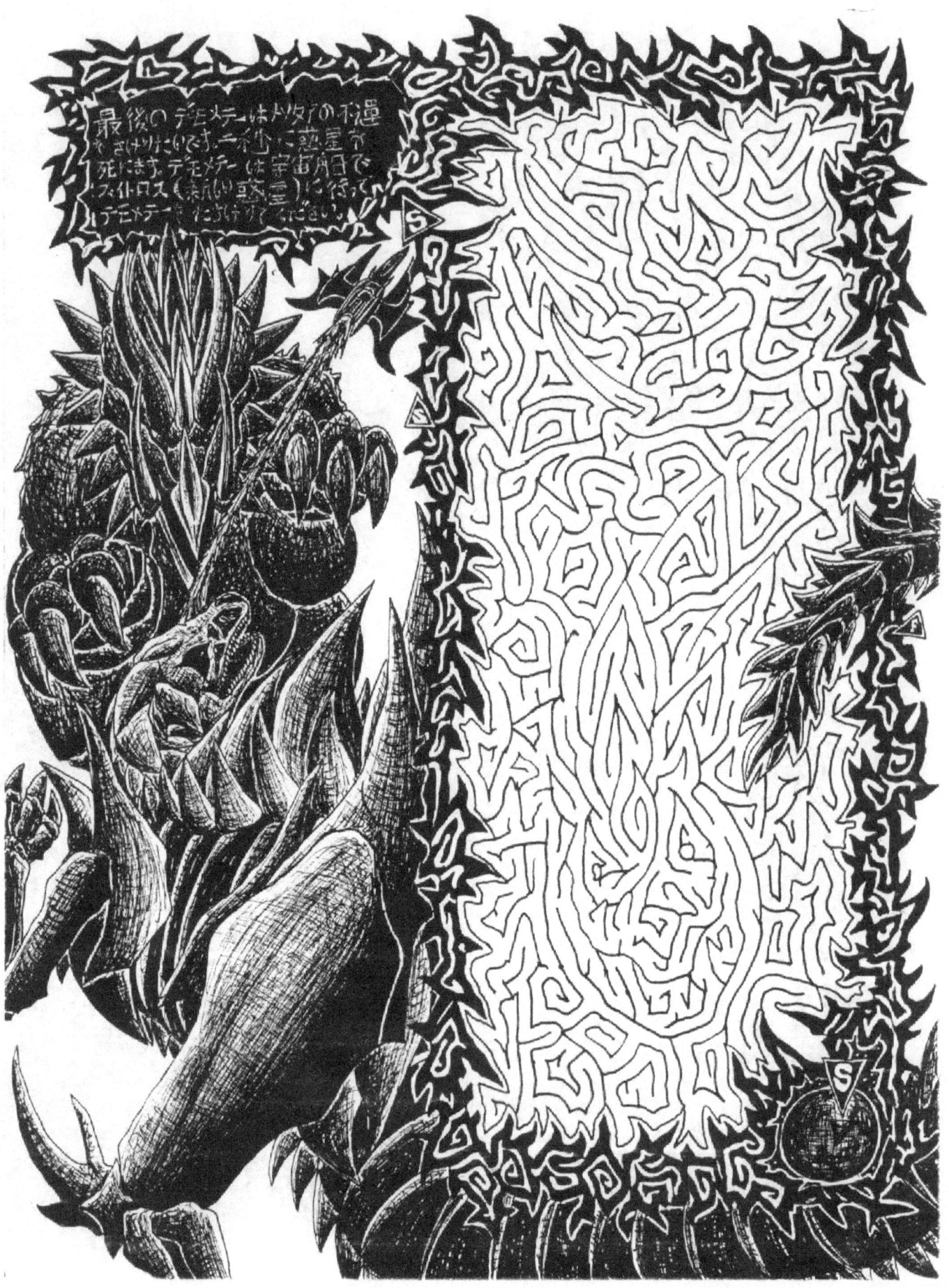

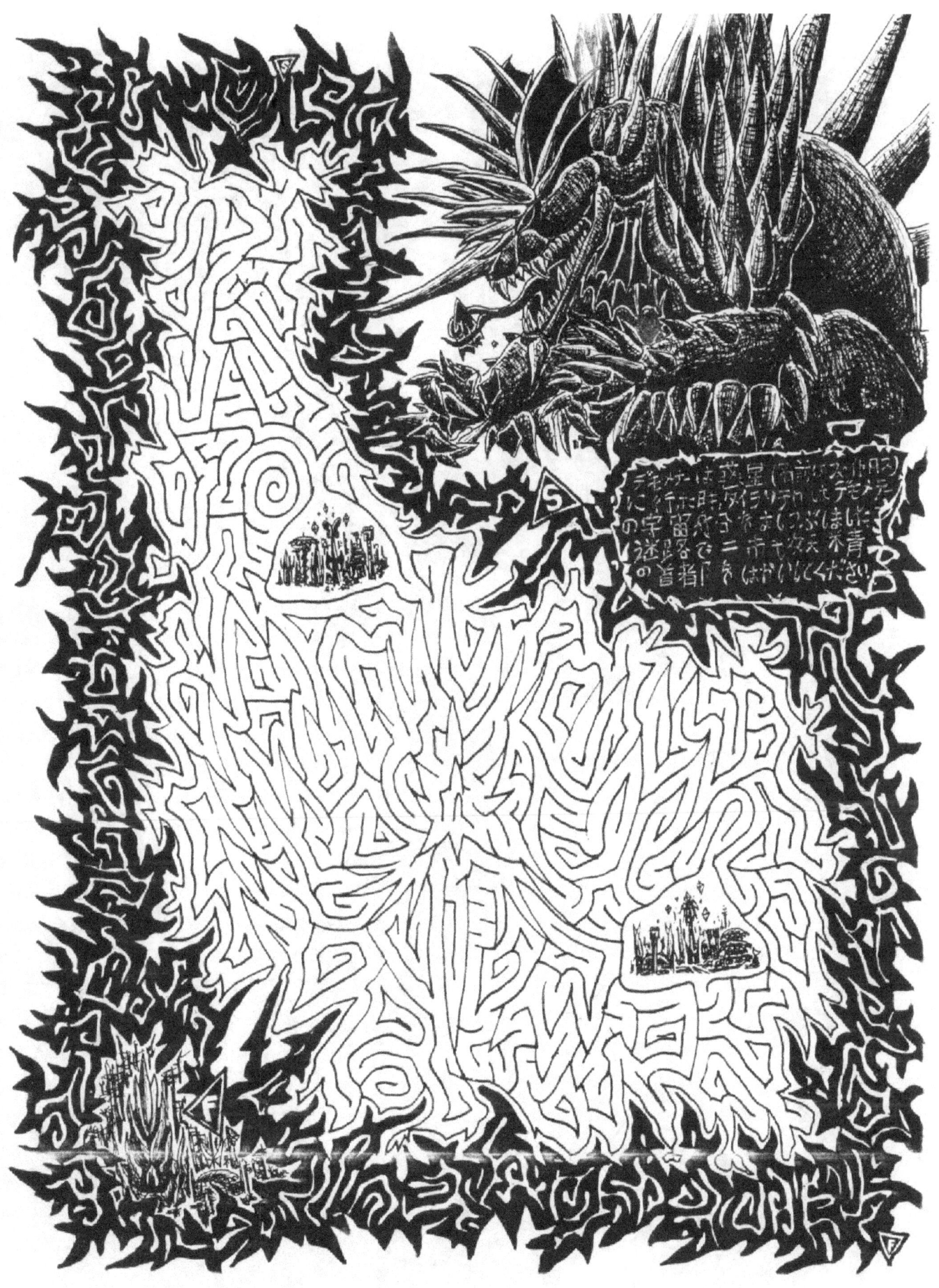

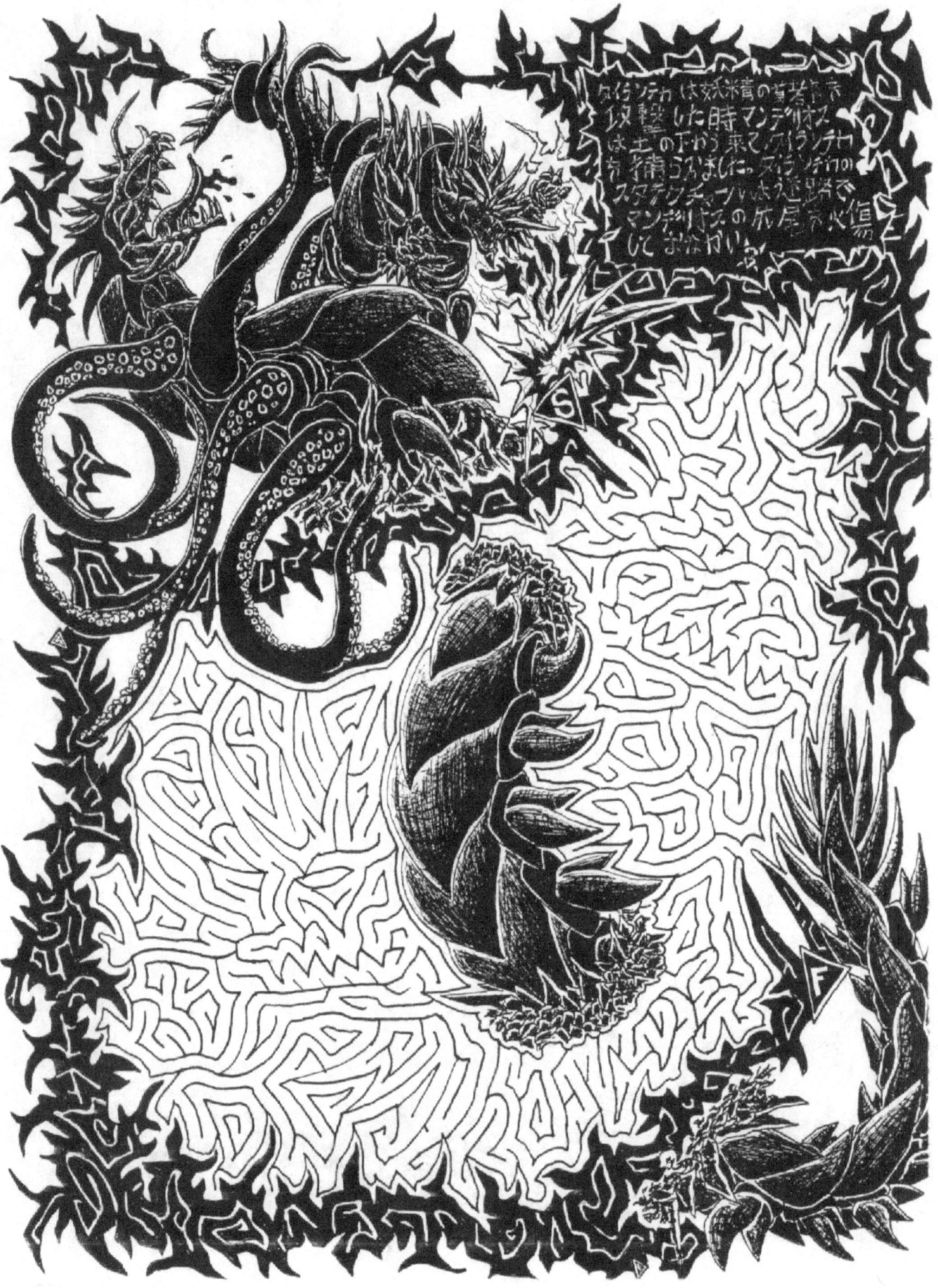

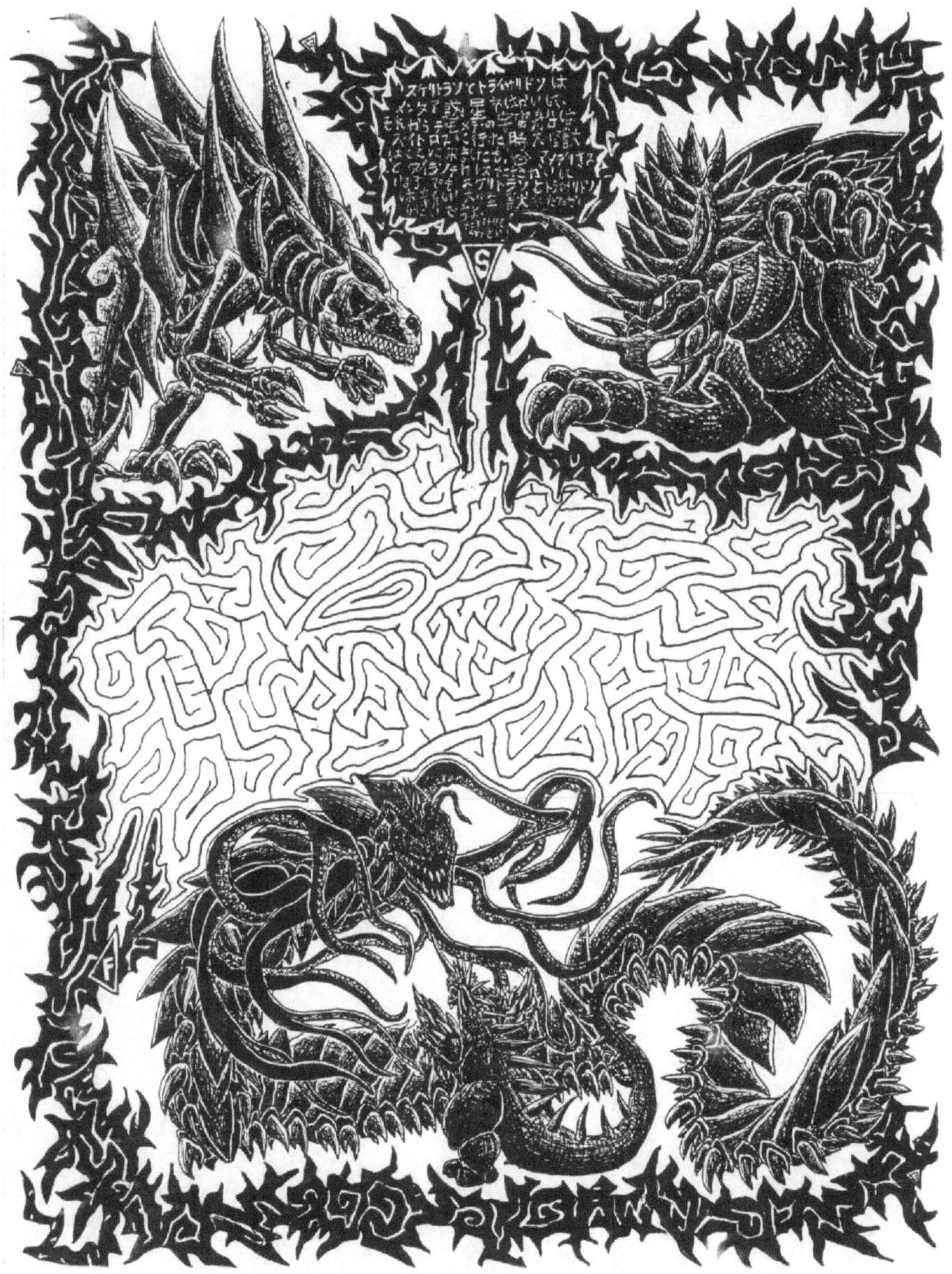

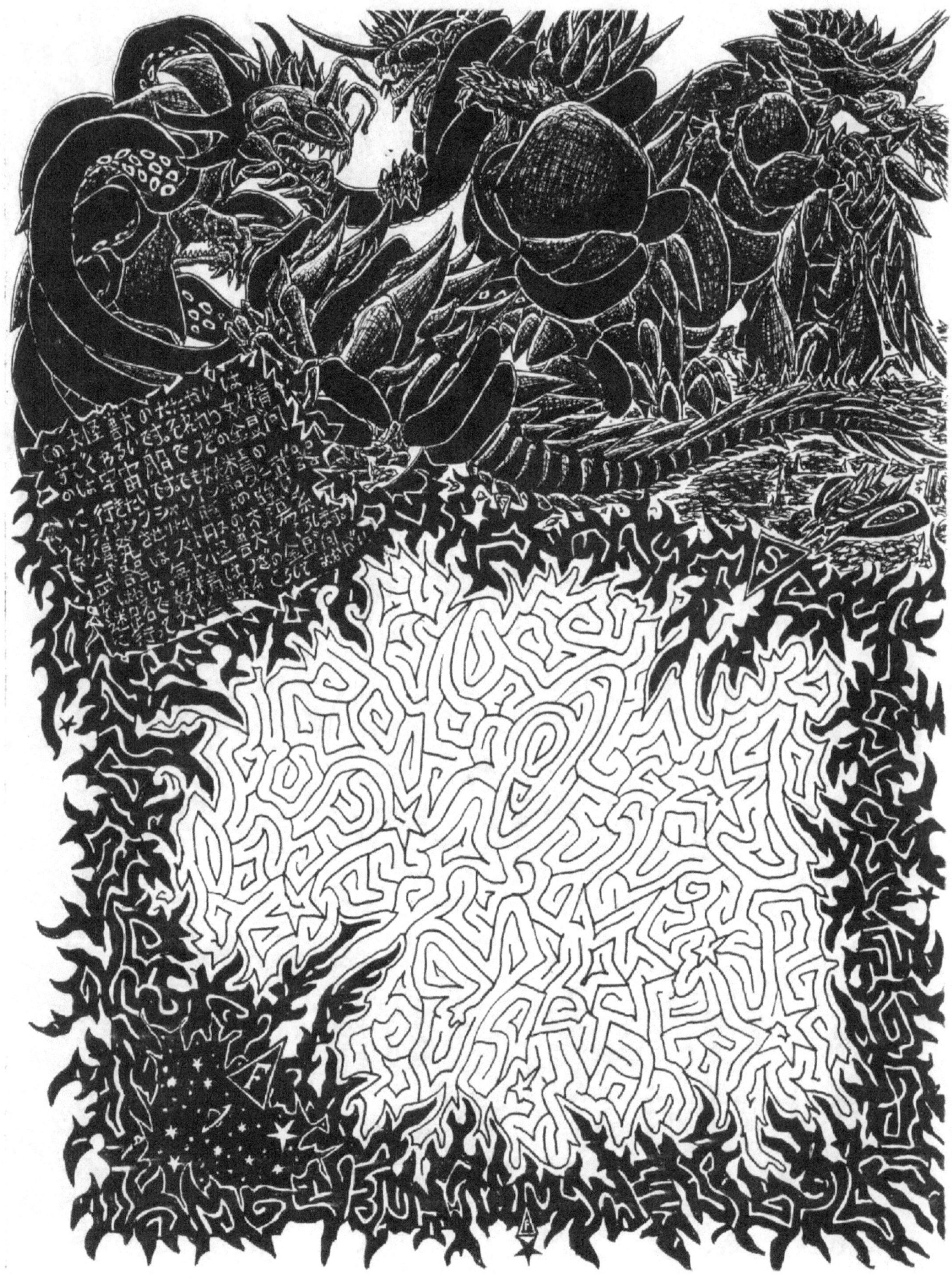

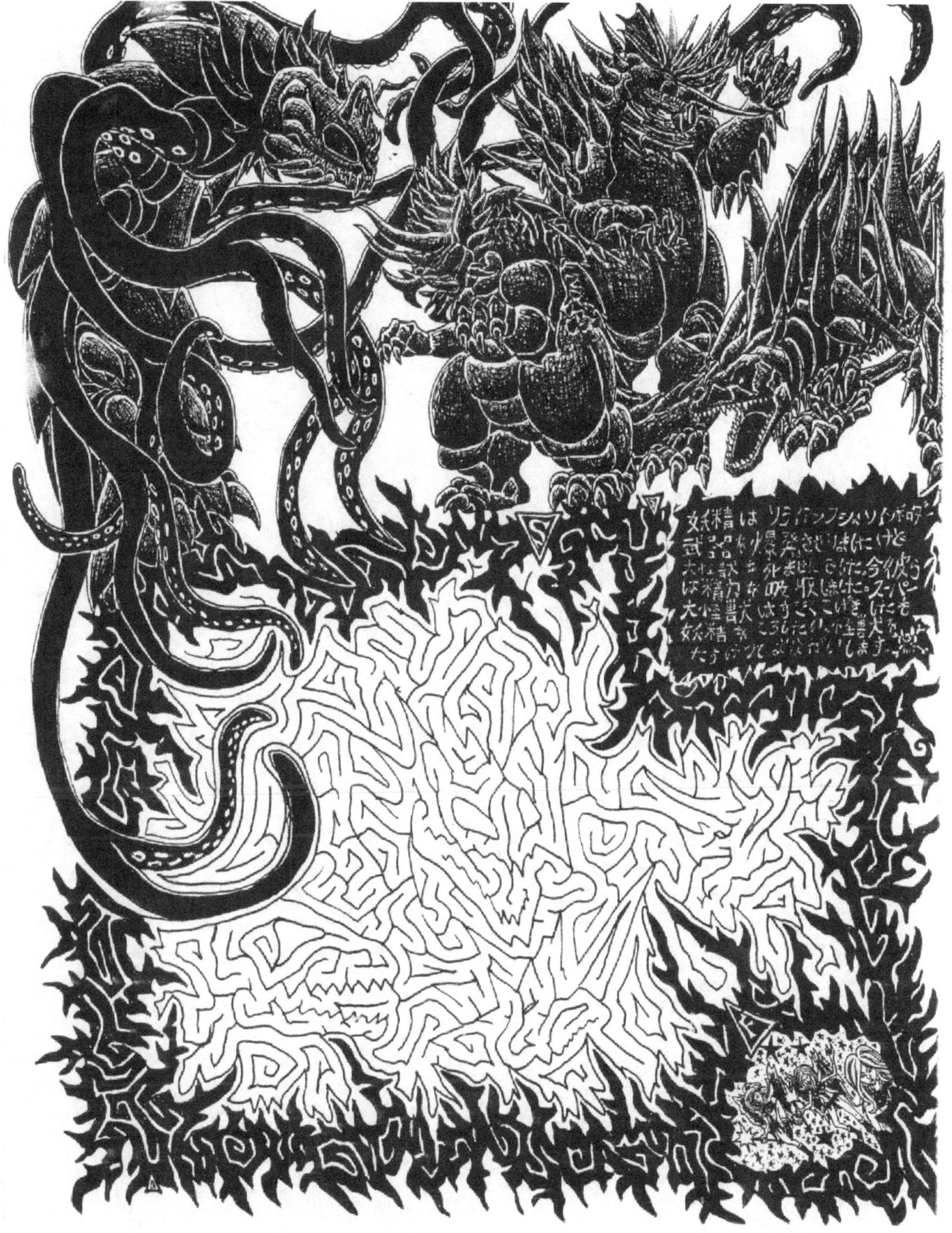

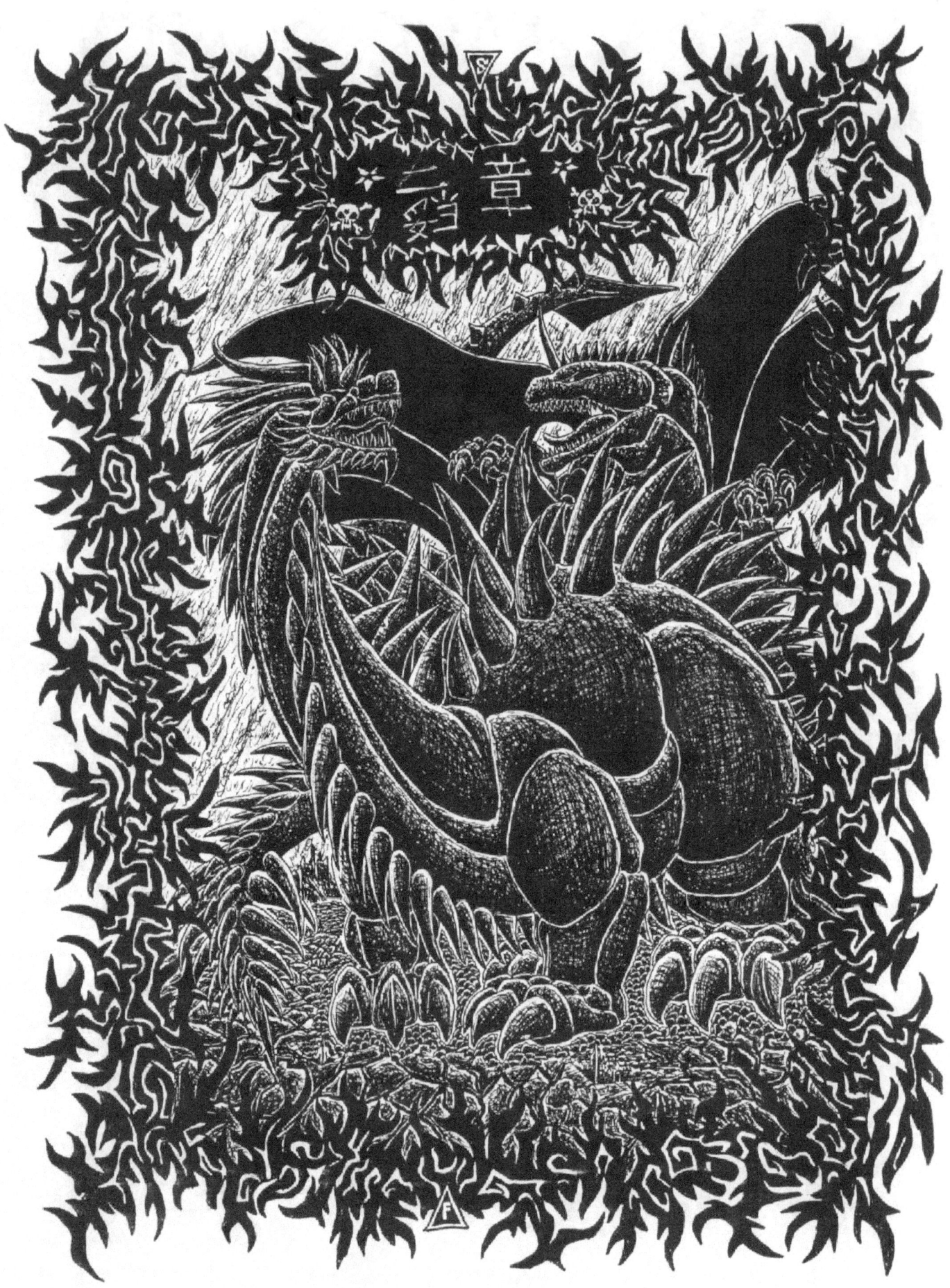

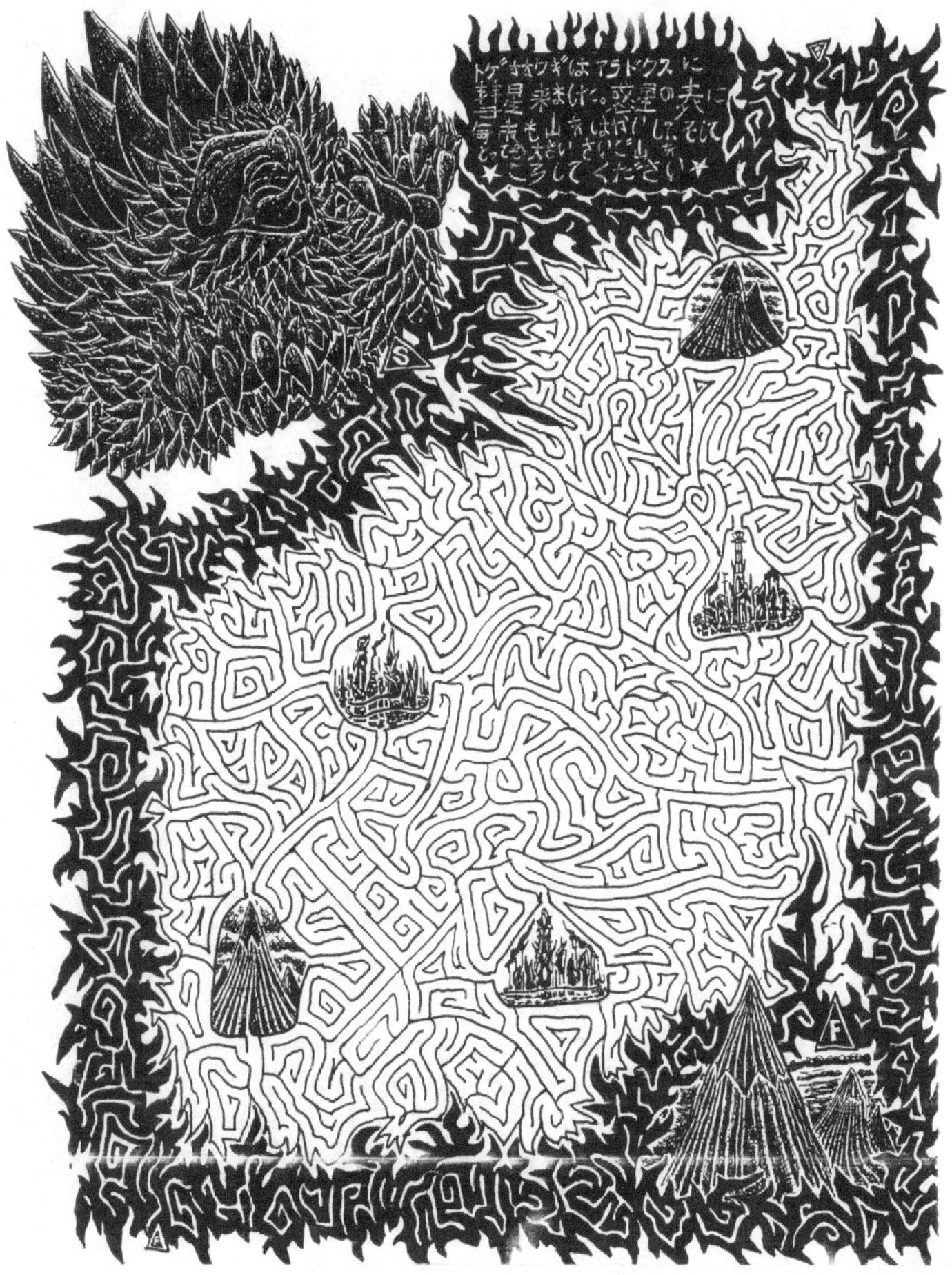

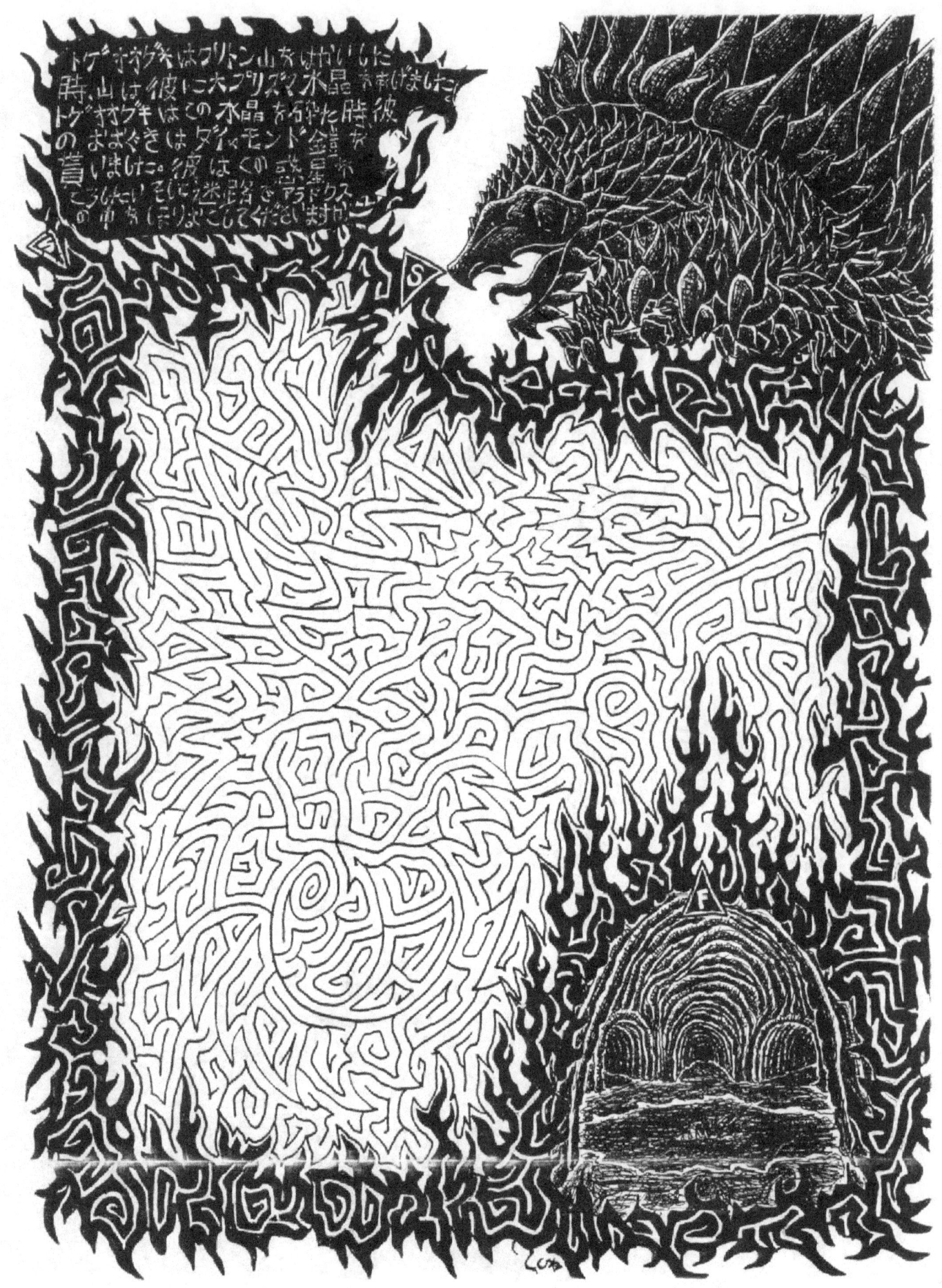

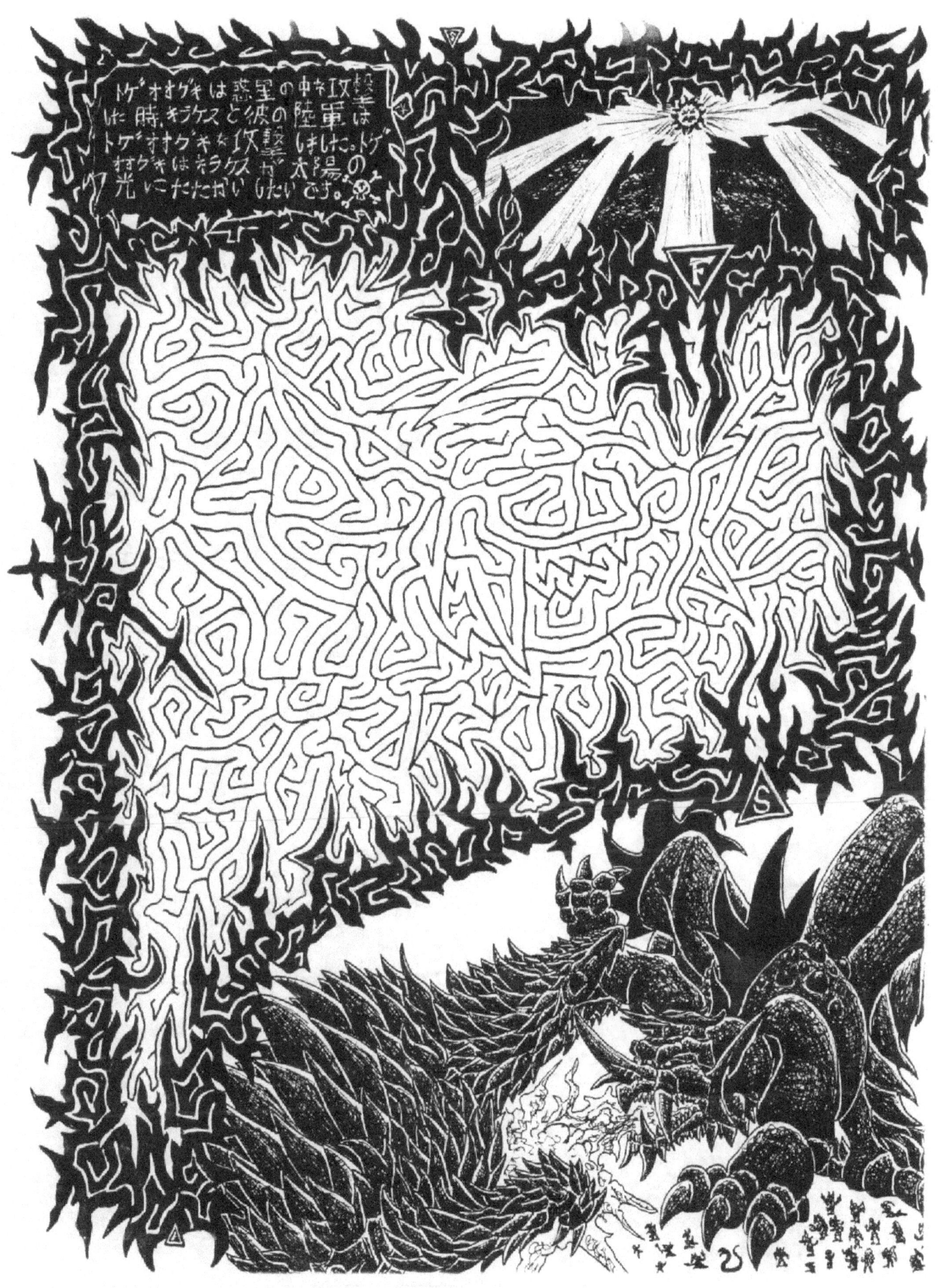

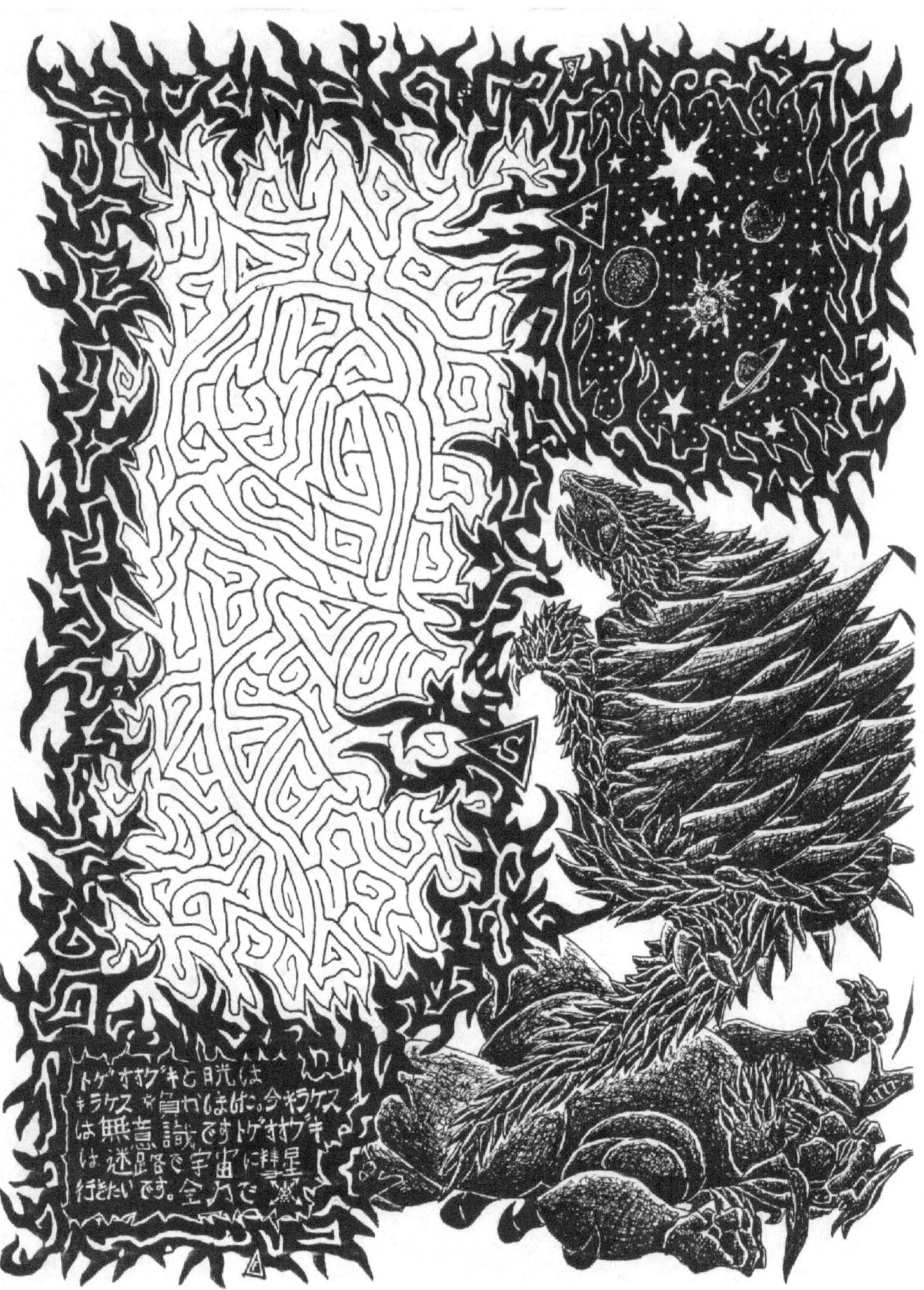

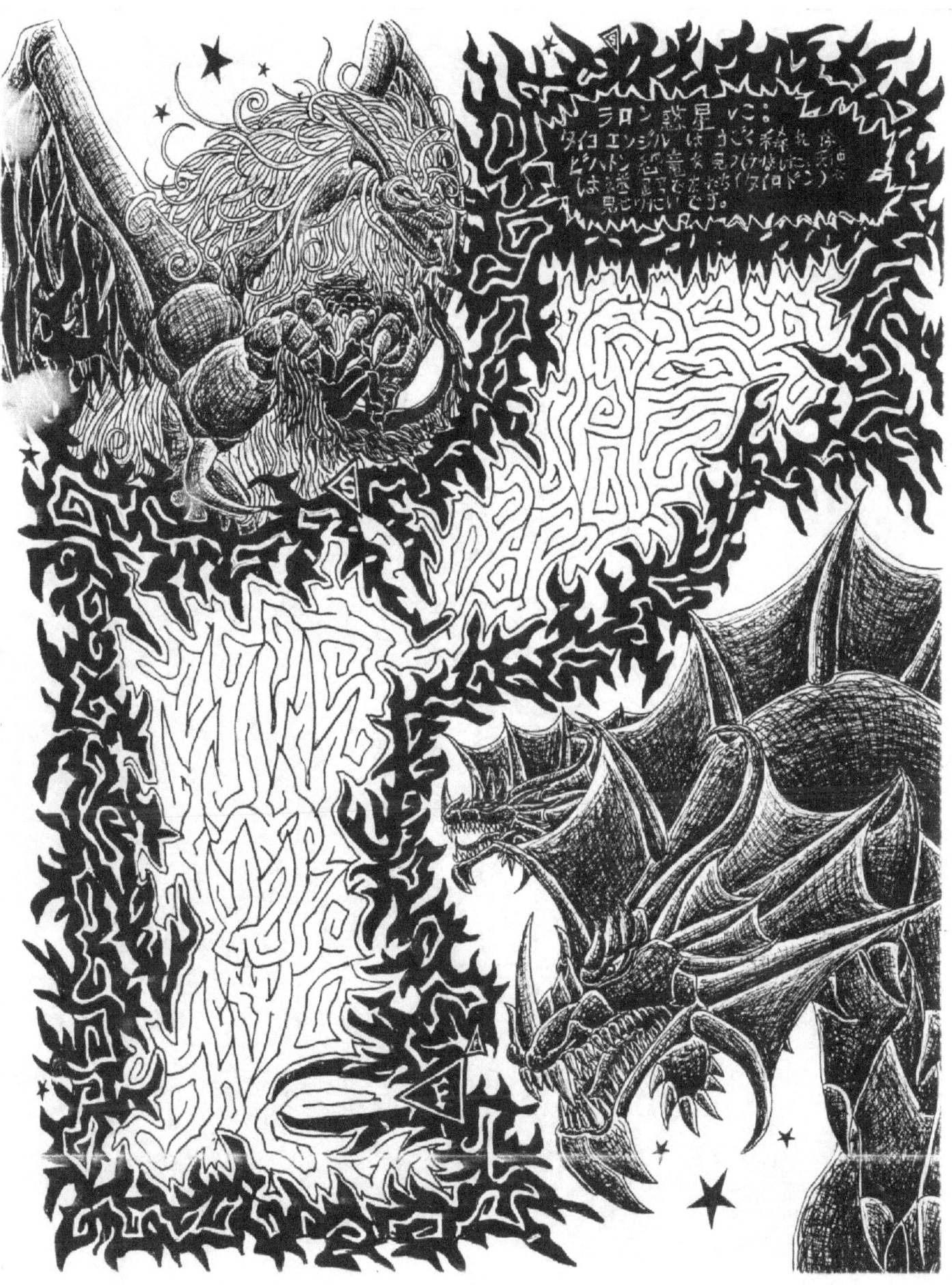

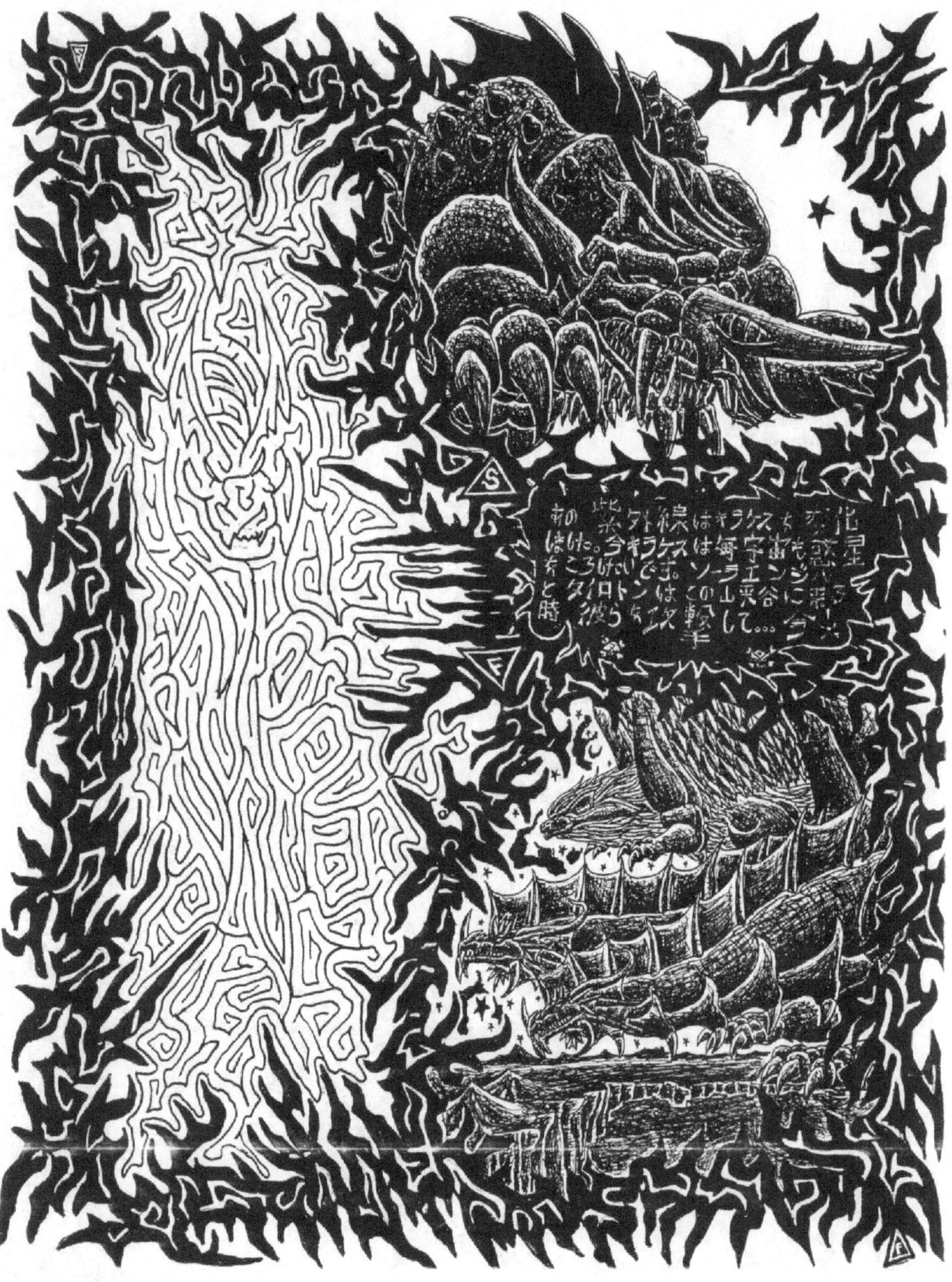

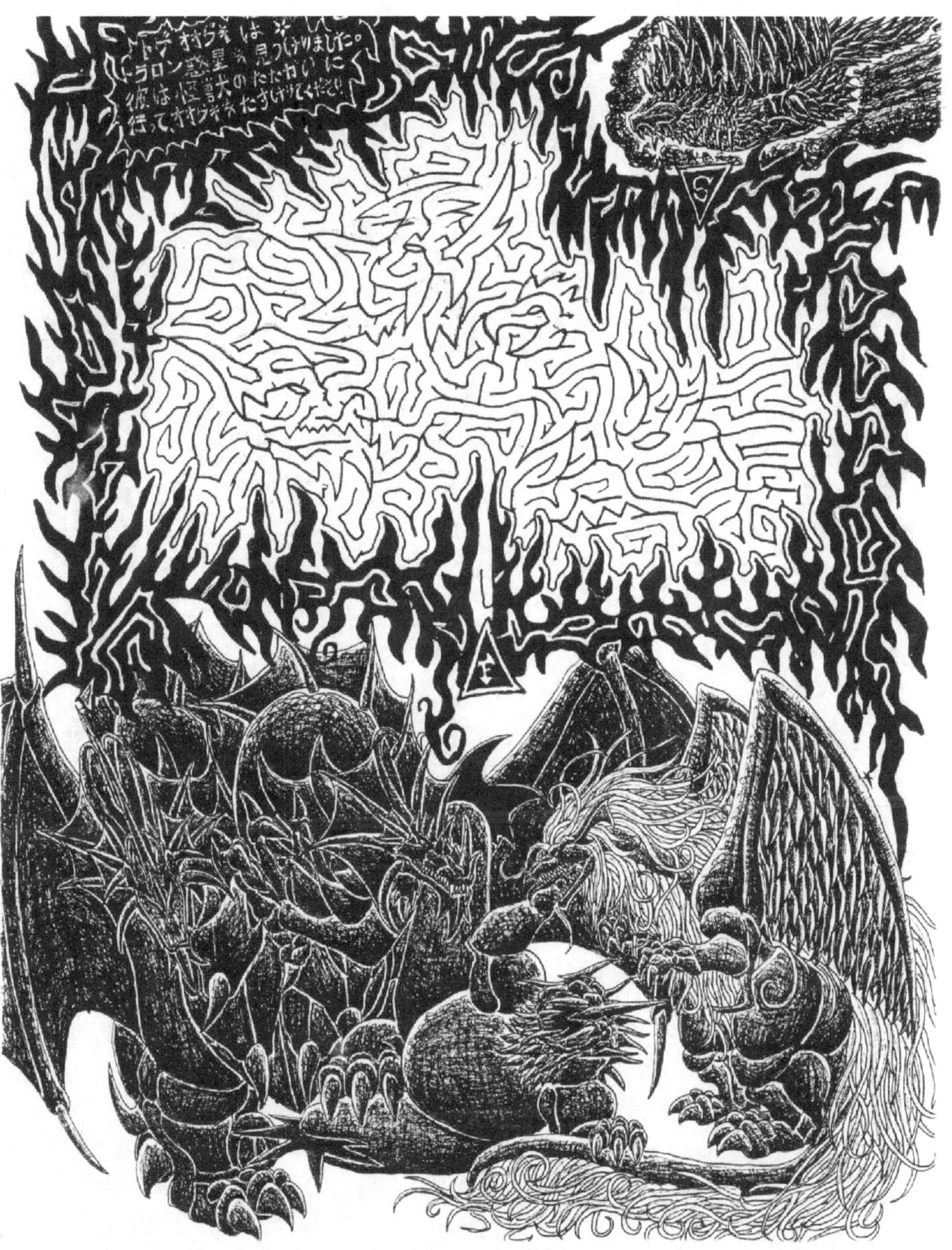

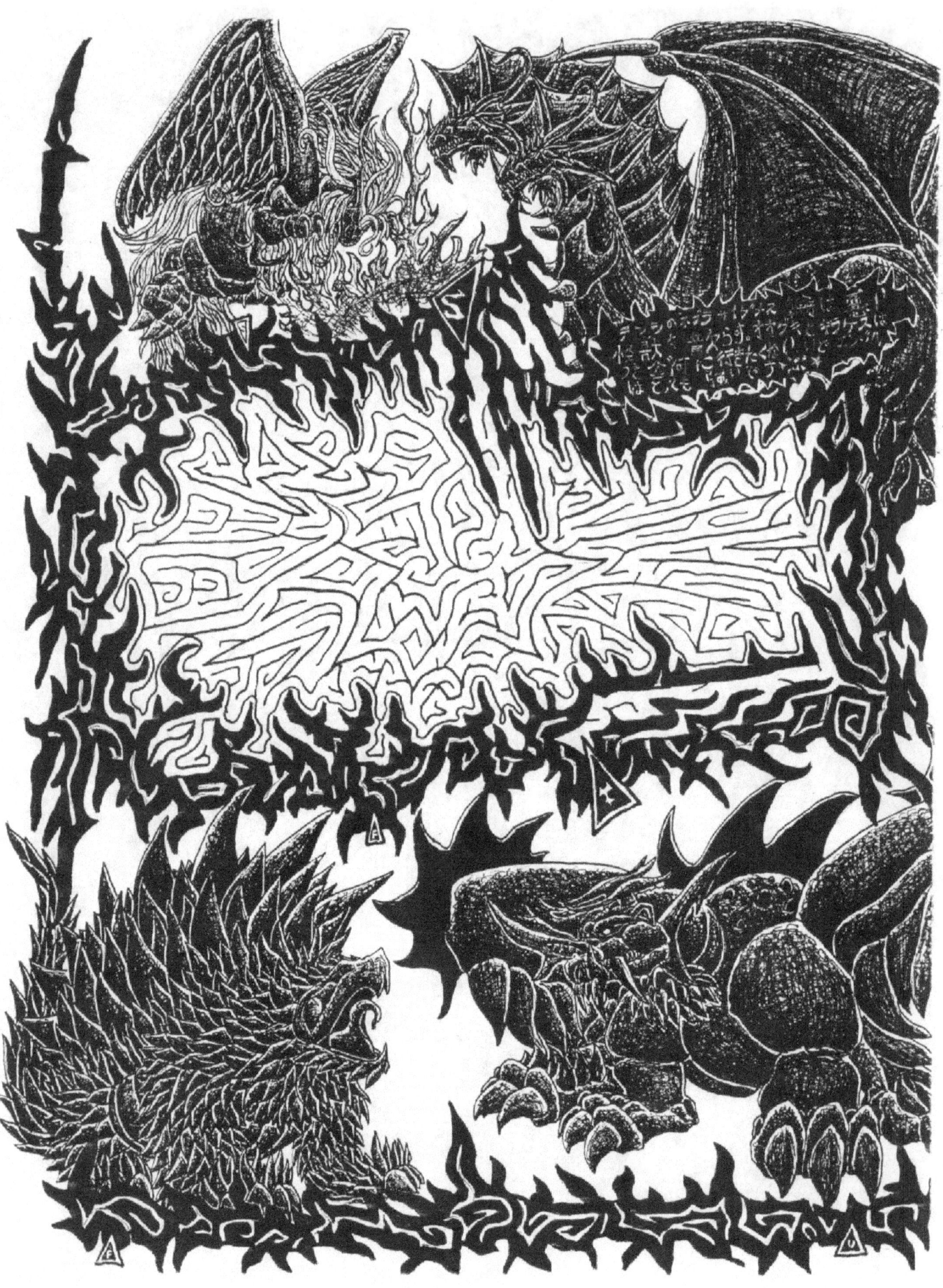

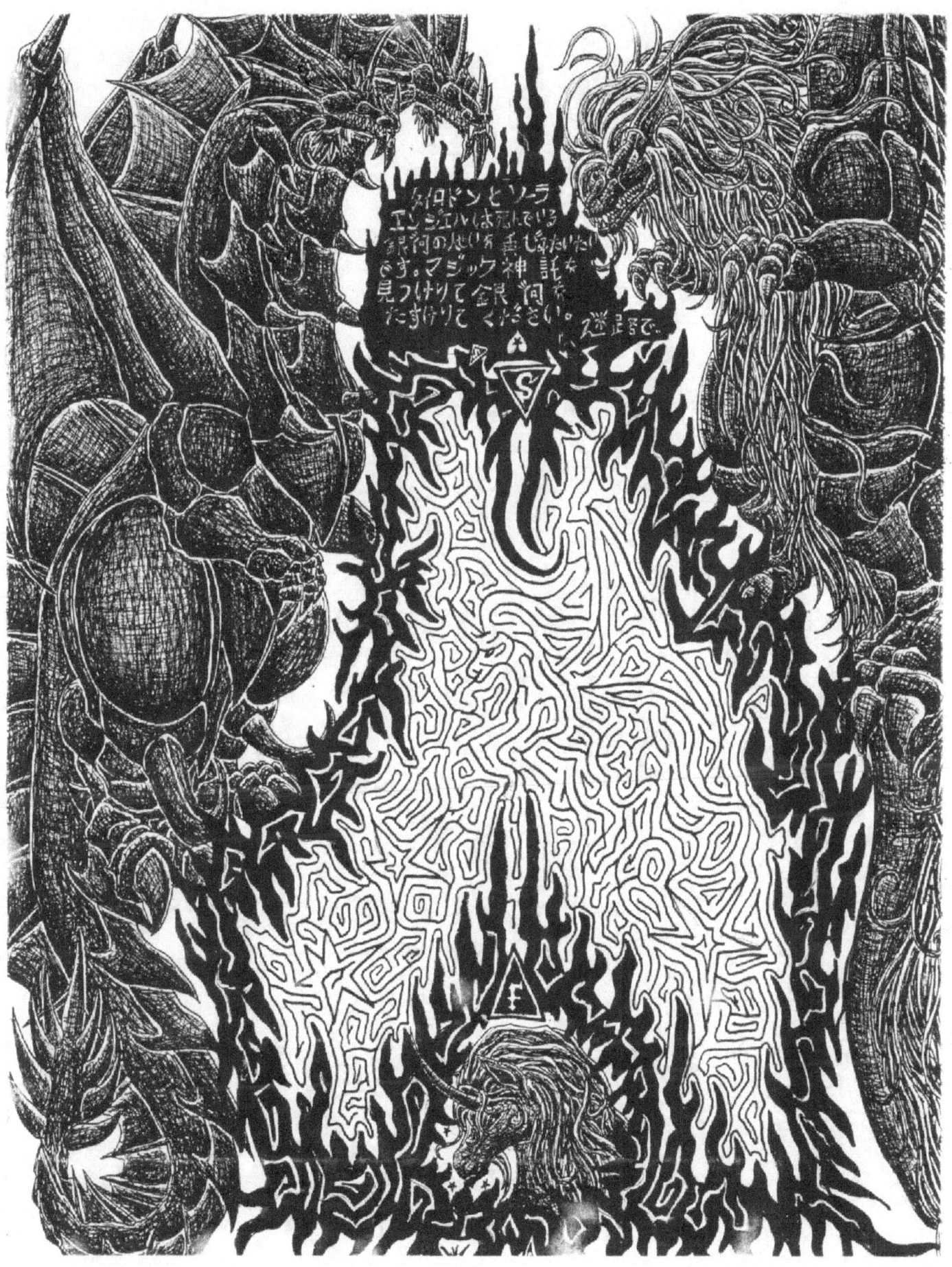

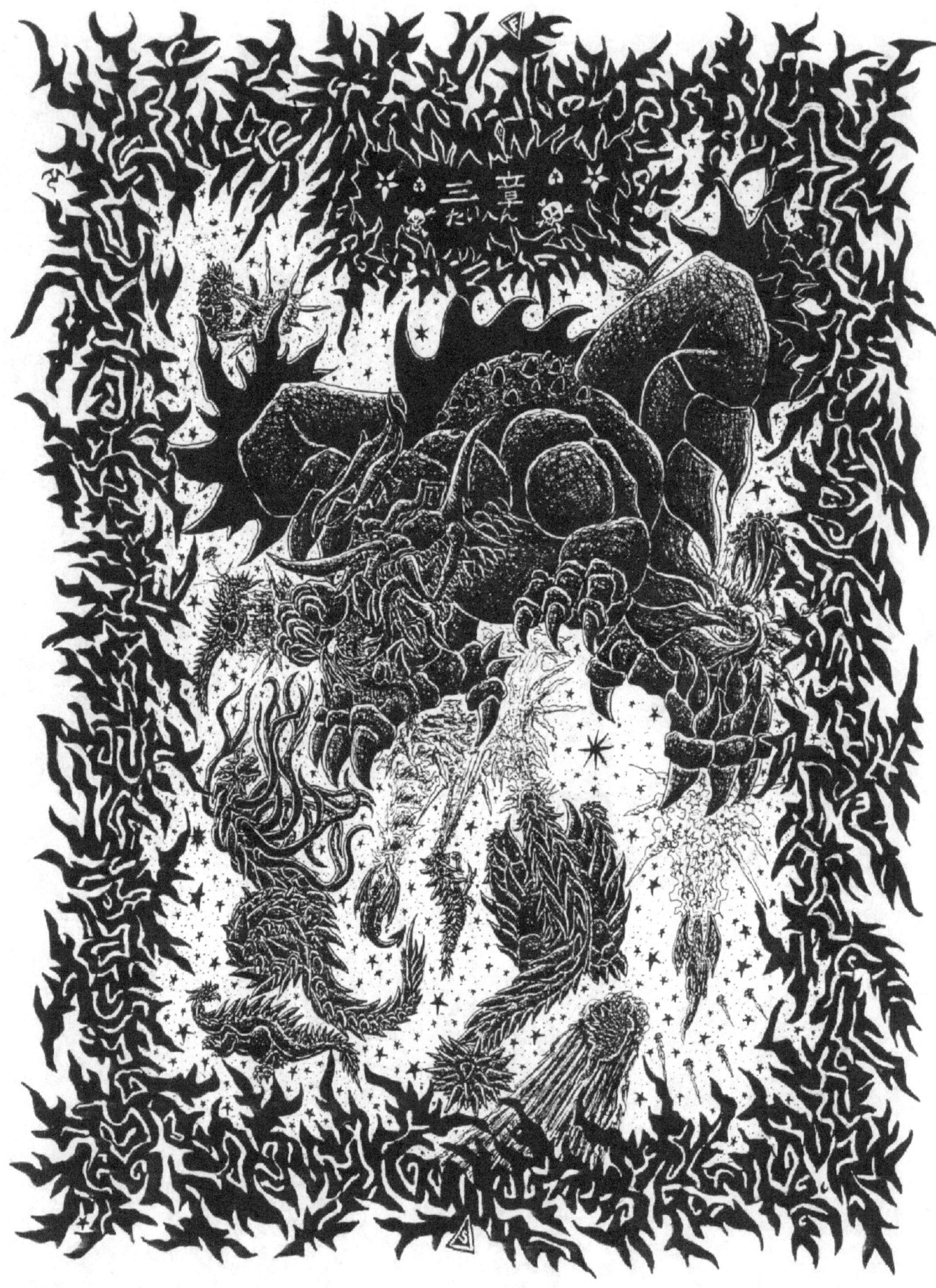

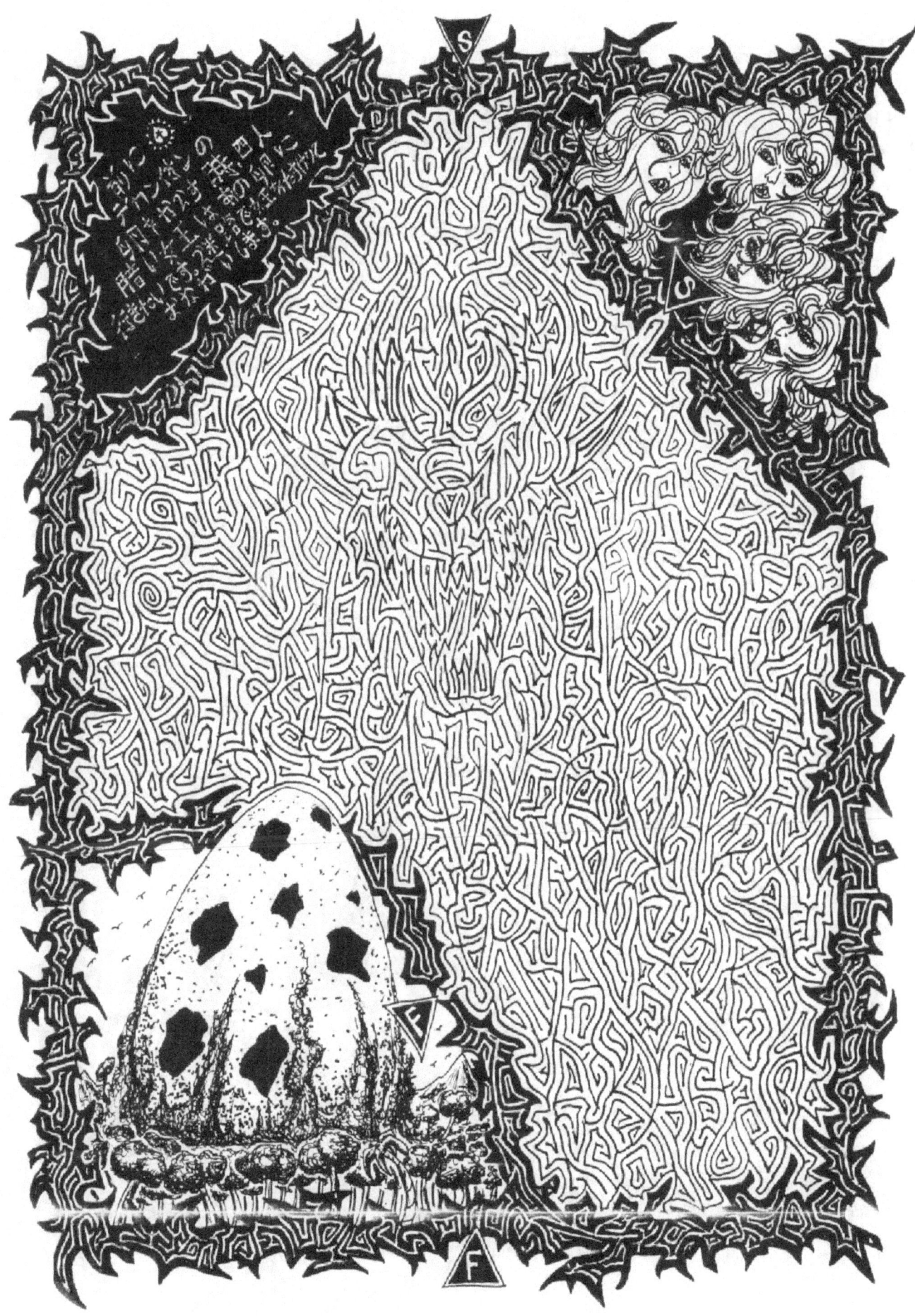

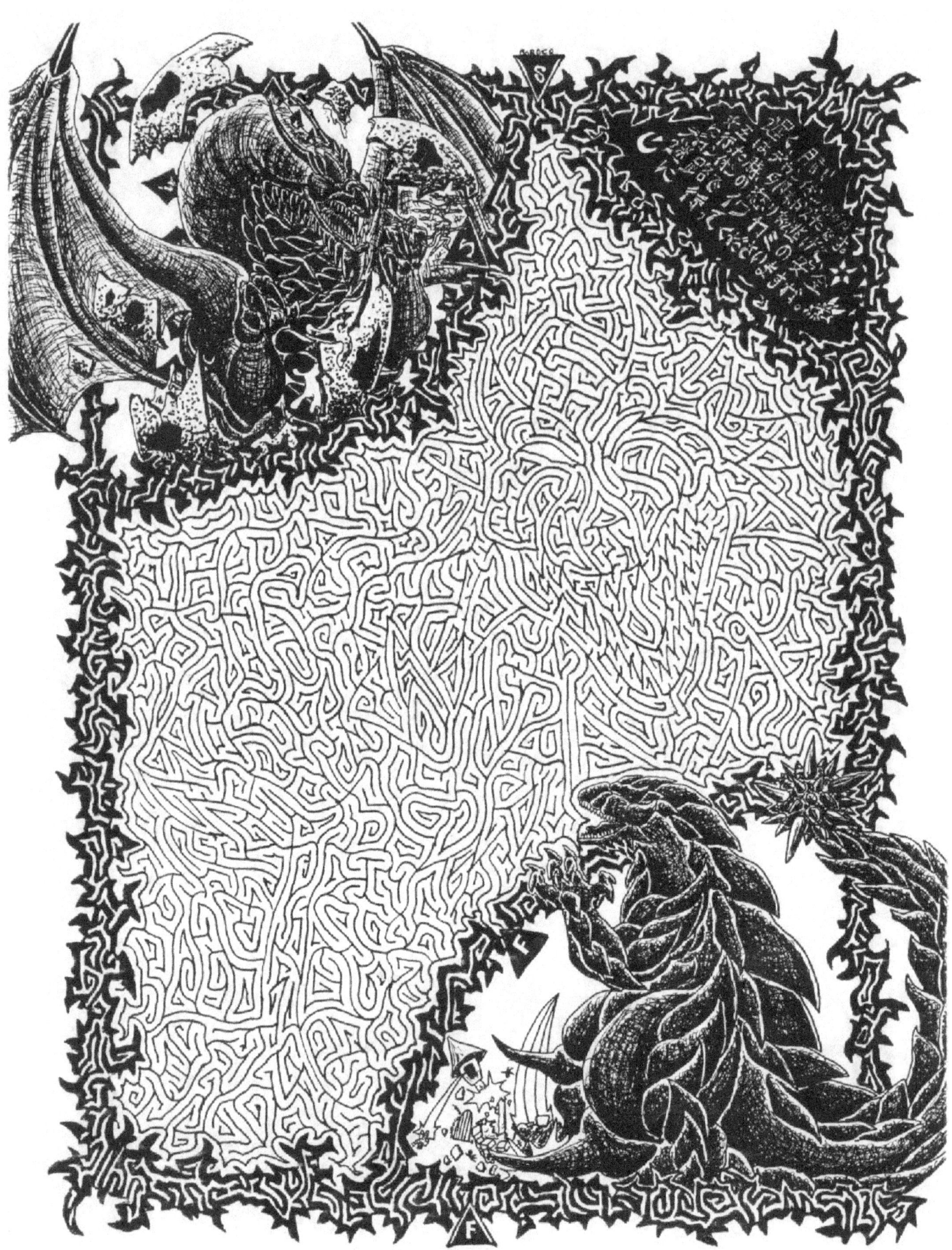

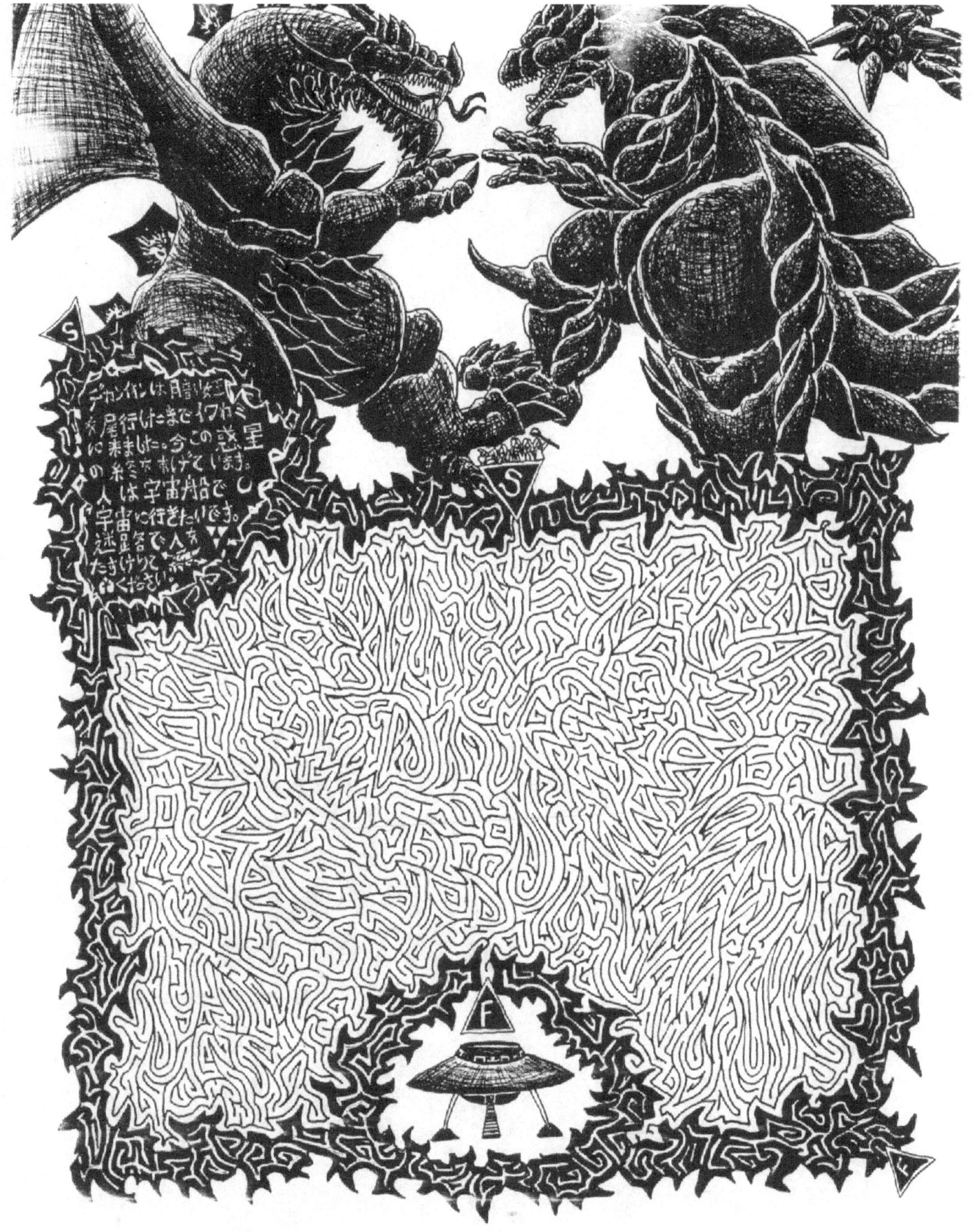

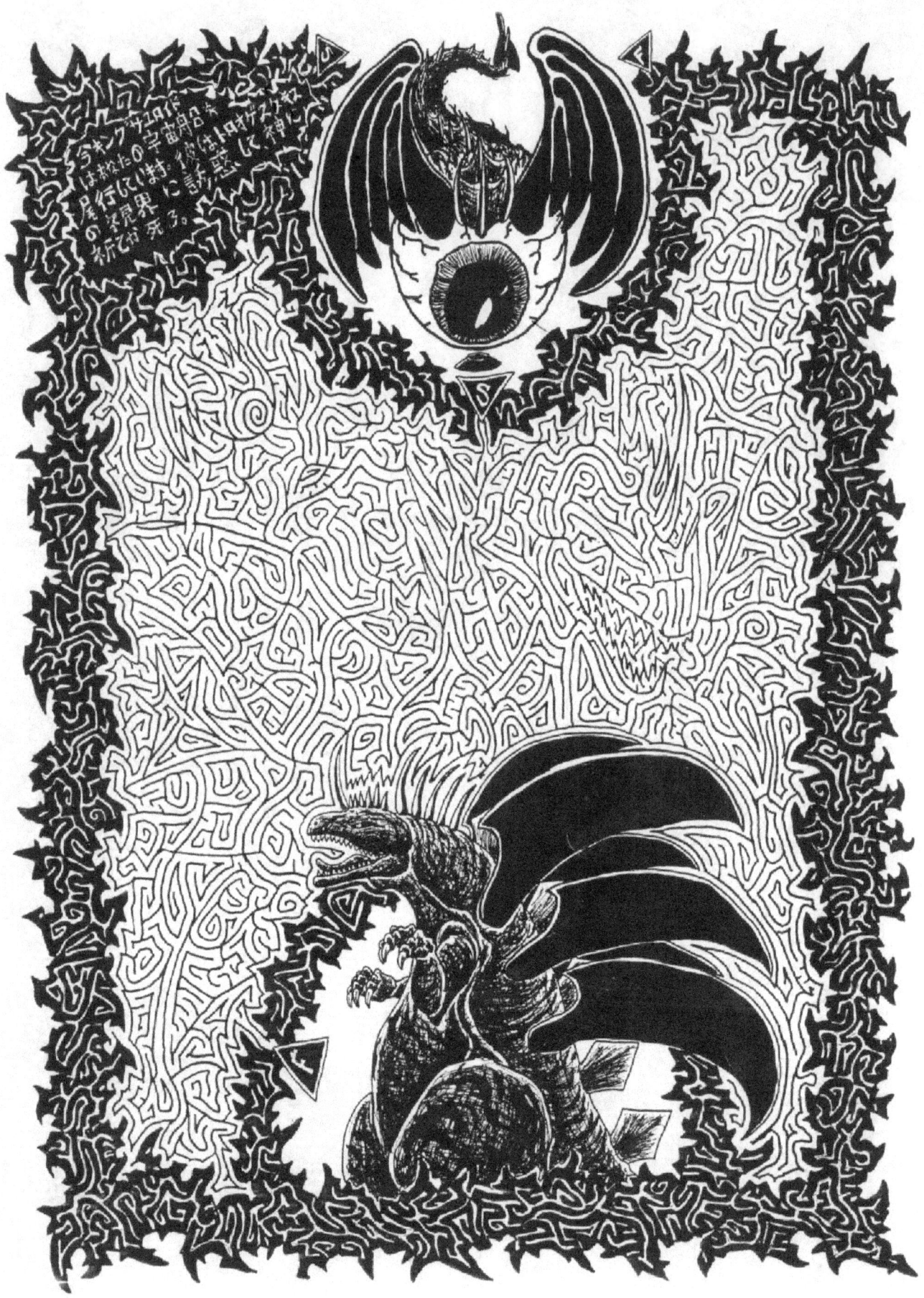

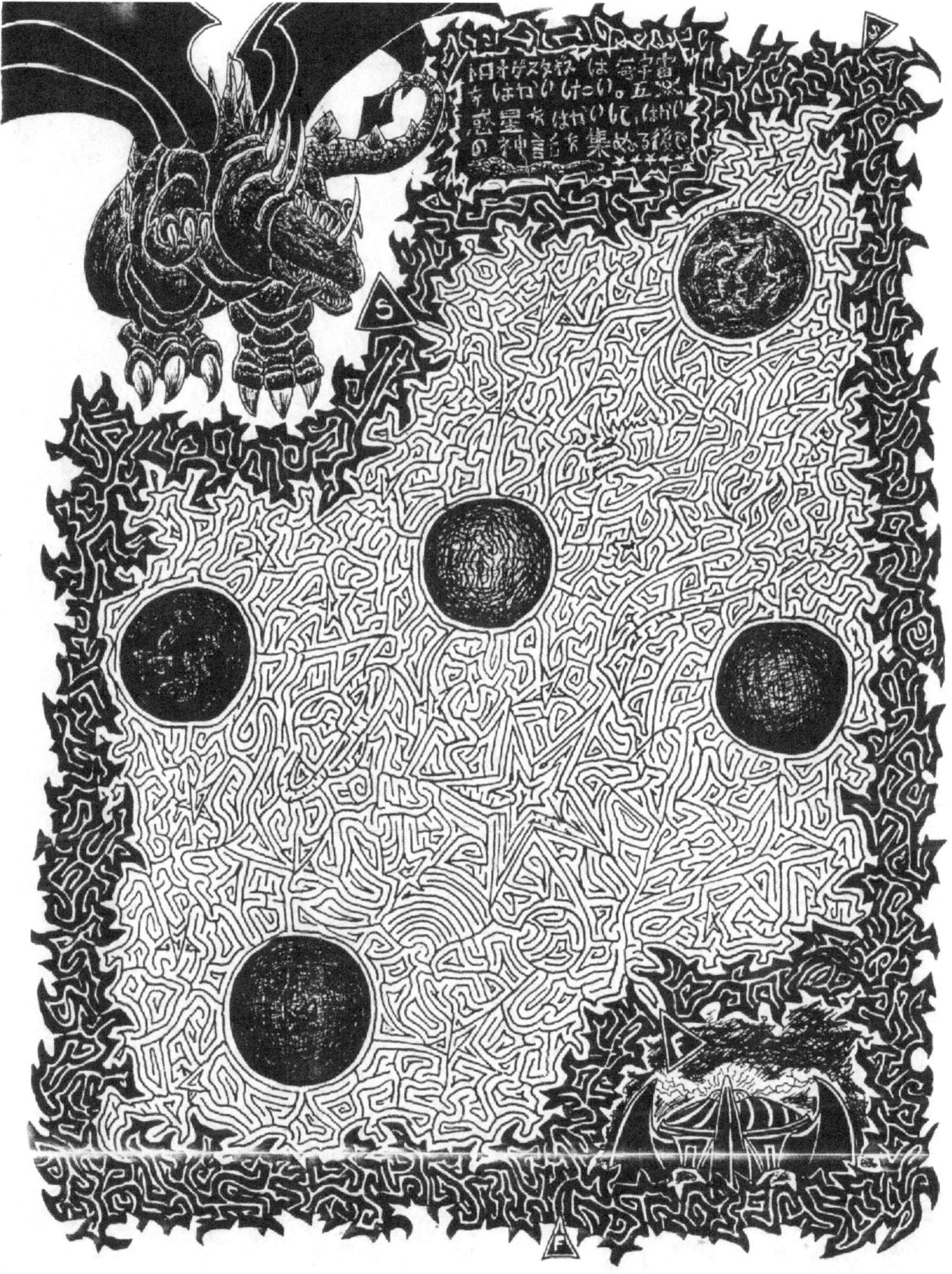

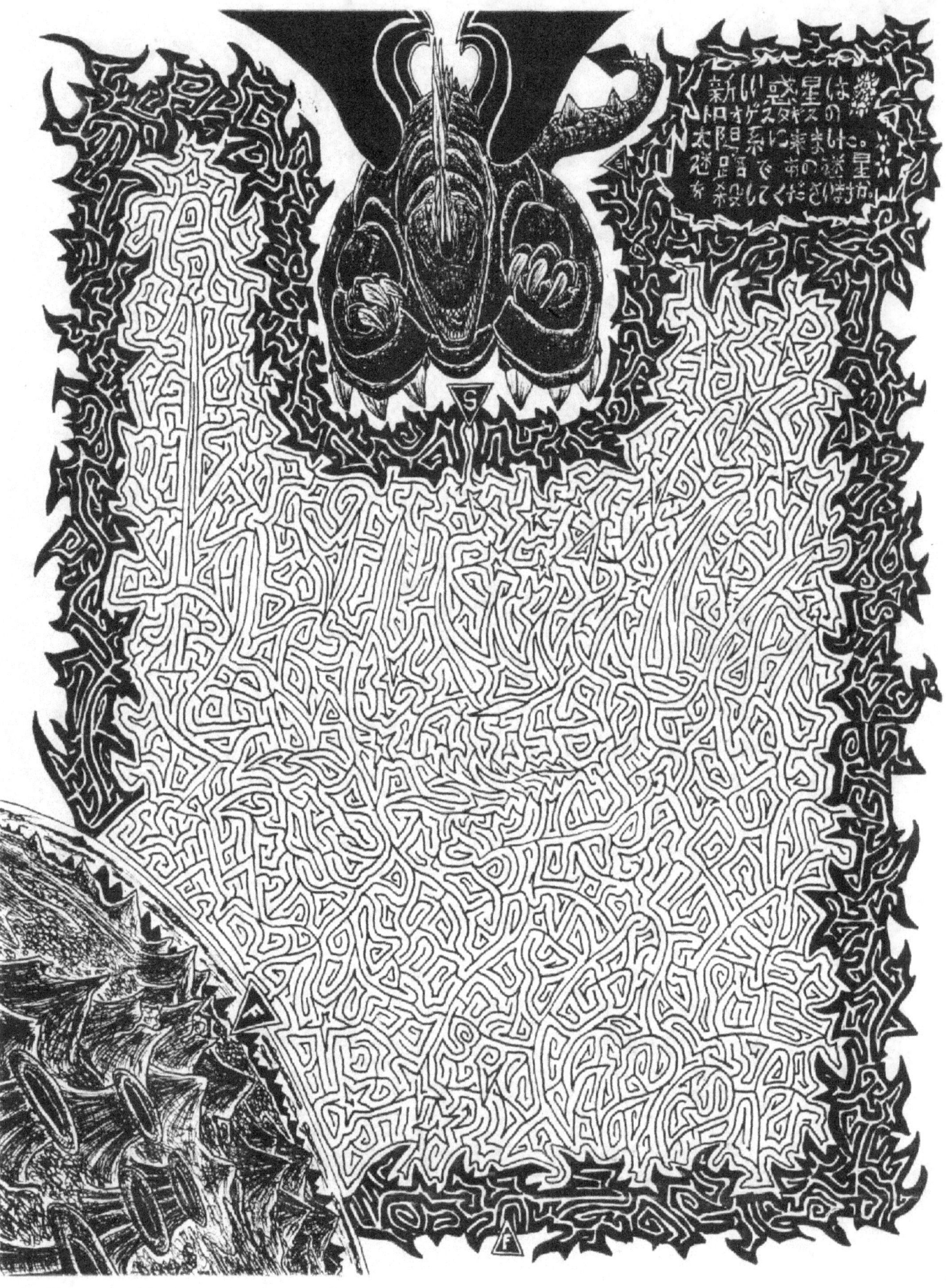

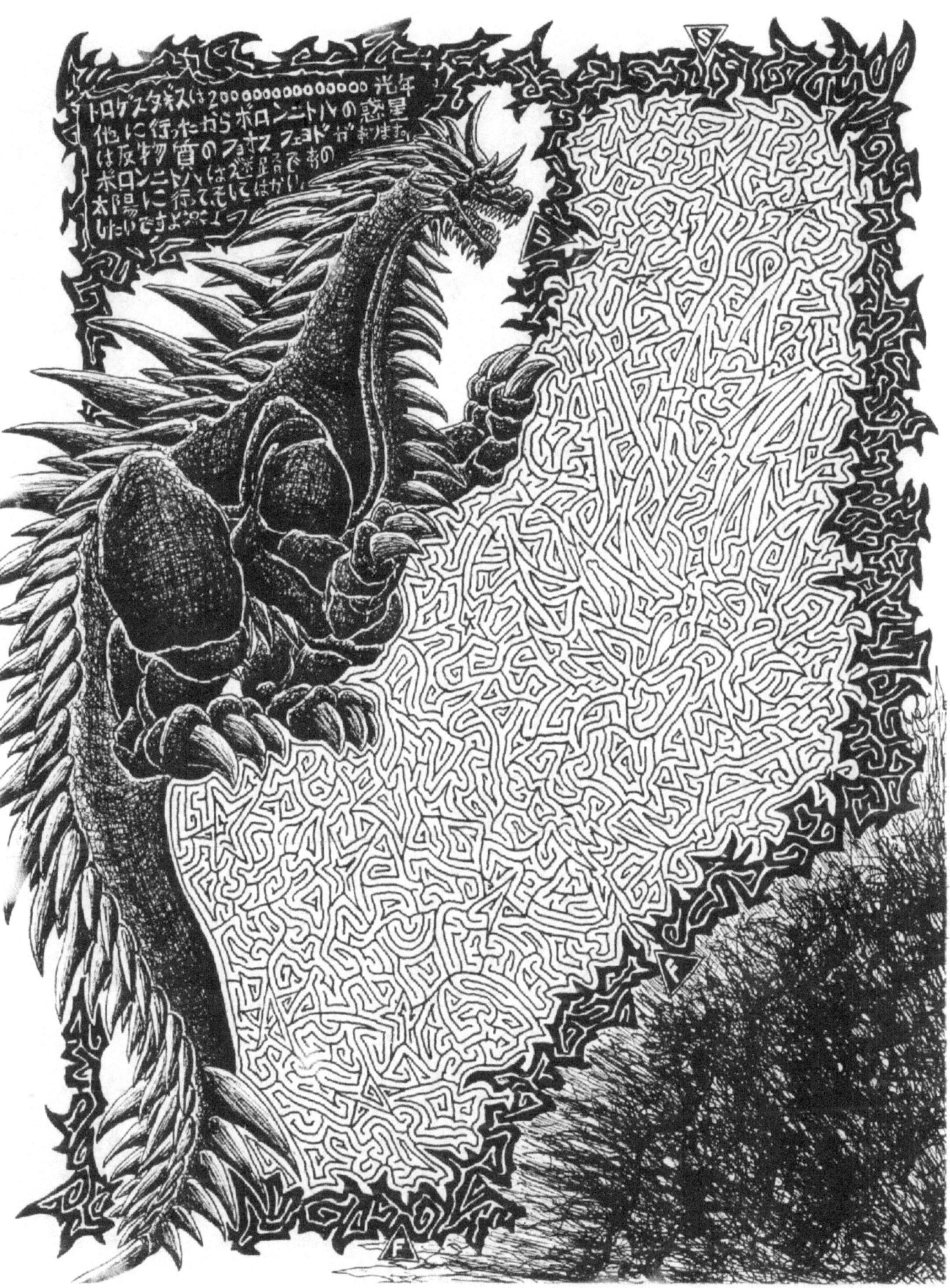

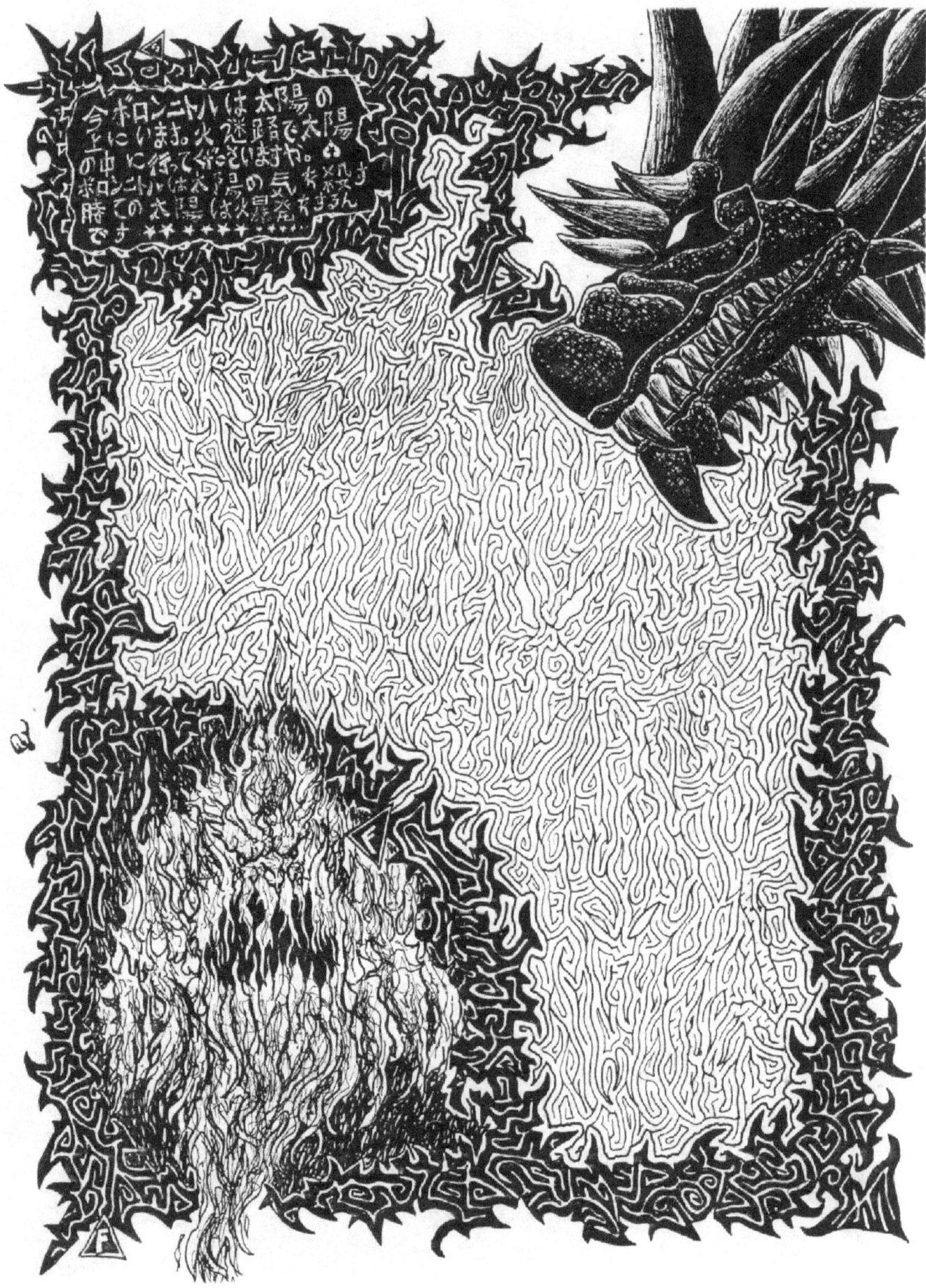

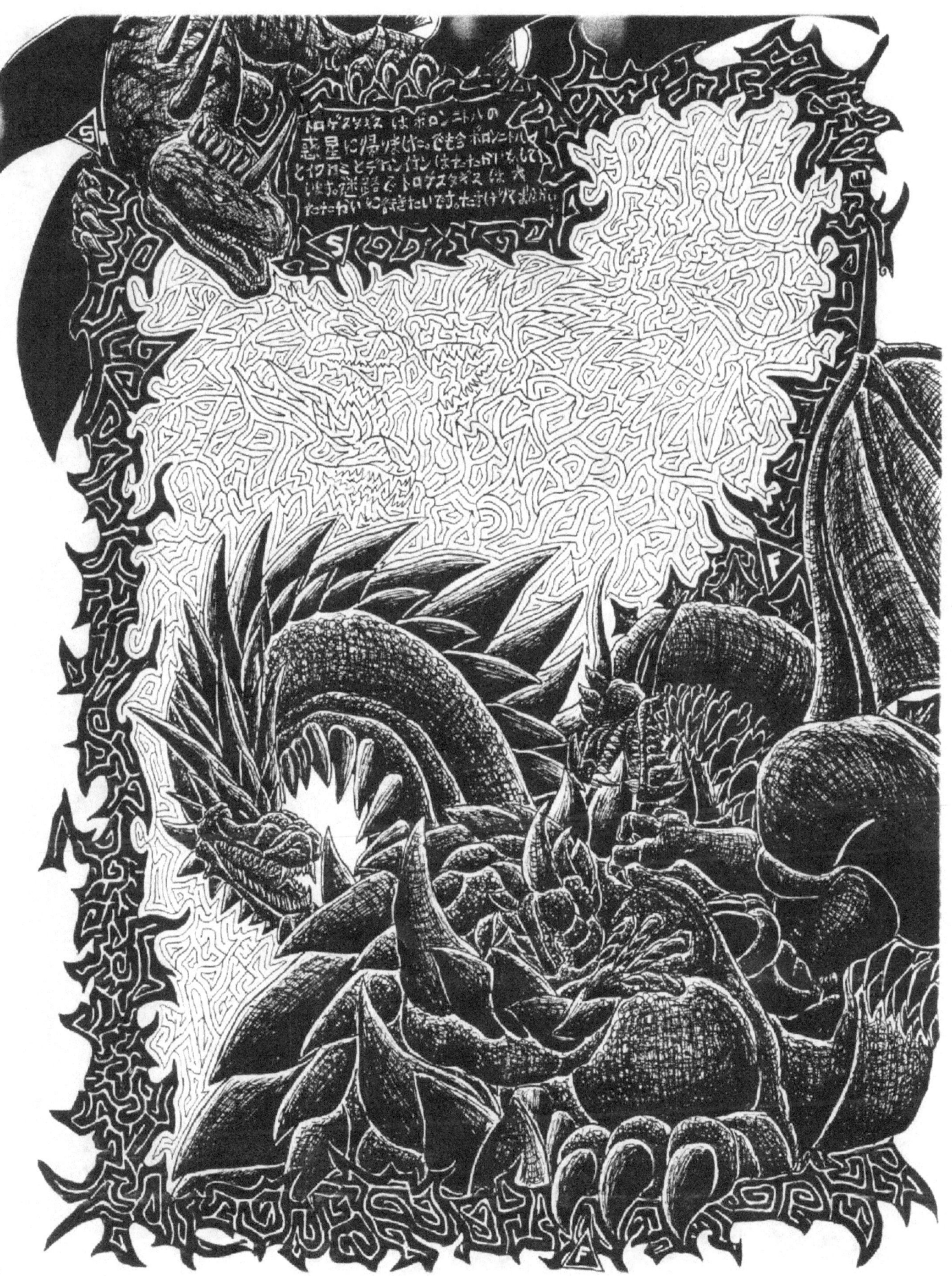

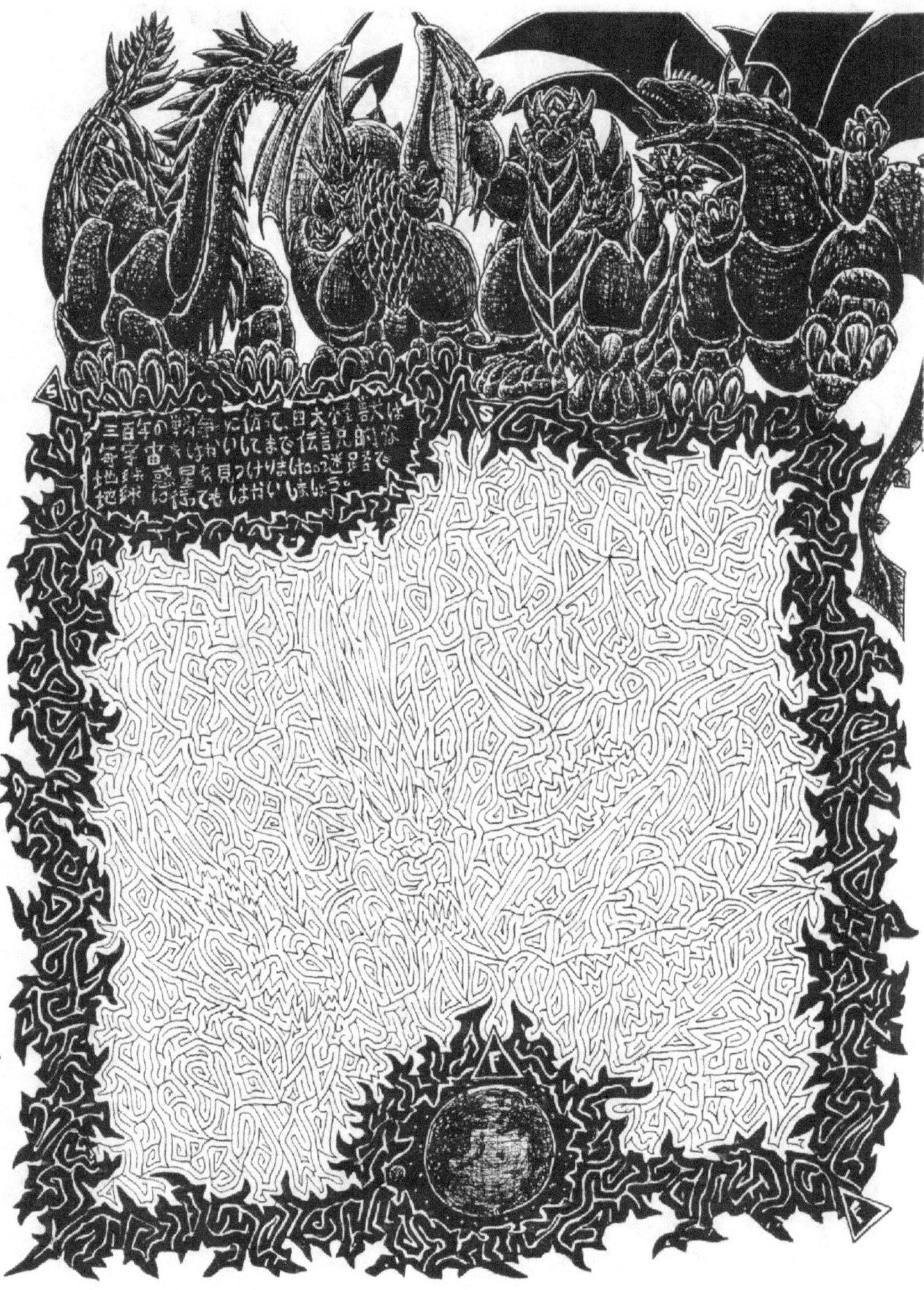

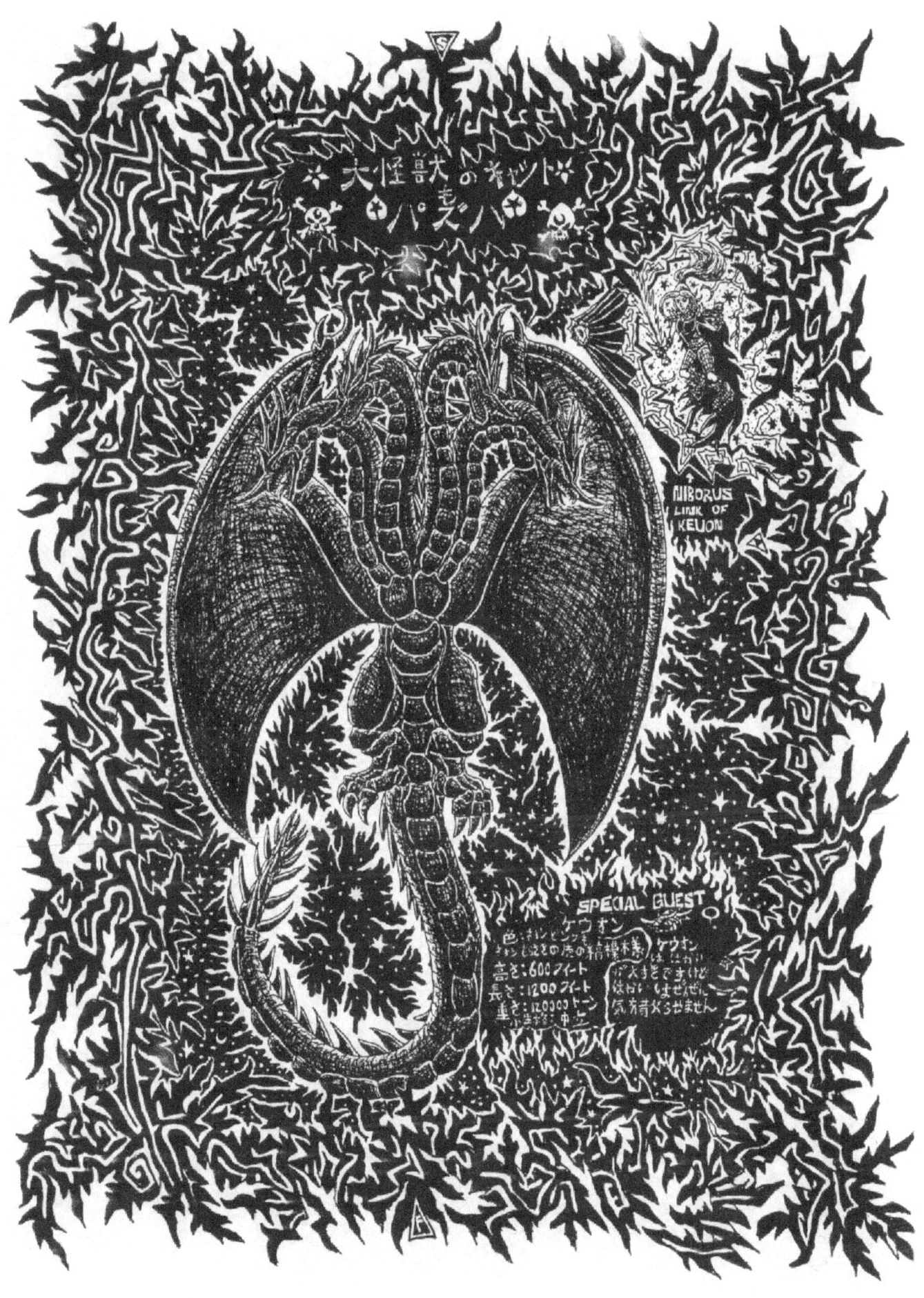

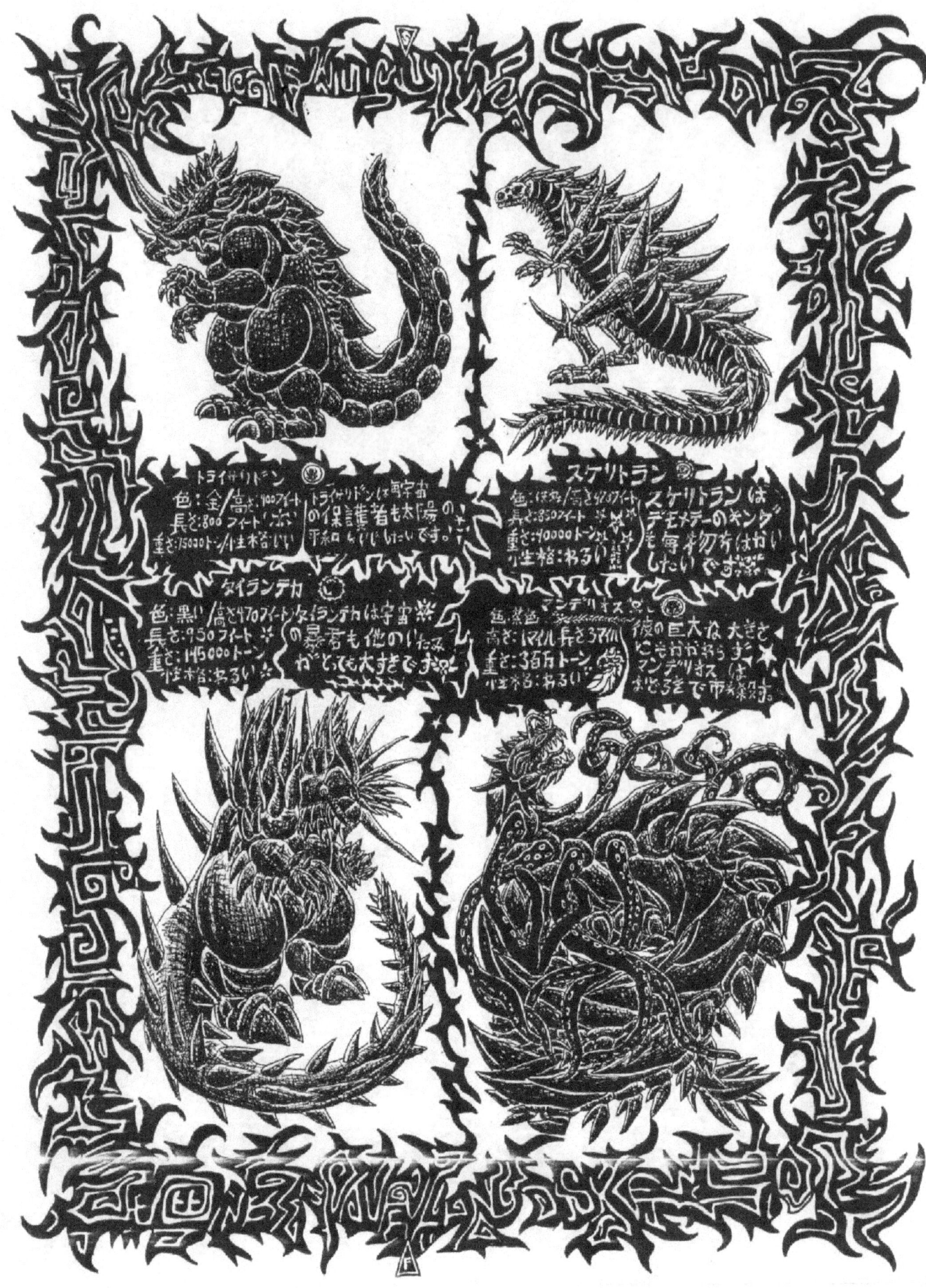

トライサリドン
色：金／高さ：900フィート
長さ：800フィート
重さ：150000トン／性格：いい

トライケリドンは再宇宙
の保護者も太陽の
平和もいじいたいです。

スケリトラン
色：ほね／高さ：970フィート
長さ：850フィート
重さ：40000トン／性格：わるい

スケリトランは
デモメデーのキング
も毎物ちはかい
したいですぎ。

タイランデカ
色：黒い／高さ：970フィート
長さ：950フィート
重さ：145000トン／性格：わるい

タイランデカは宇宙祭
の暴君も他のいたみ
がとても大すぎですね!

マンデリオス
色：黒色
高さ：1マイル兵さ3マイル
重さ：3百万トン／性格：わるい

彼の巨大な大きさ
にもかがわらず
マンデリオスは
おどろきで市も襲うす。

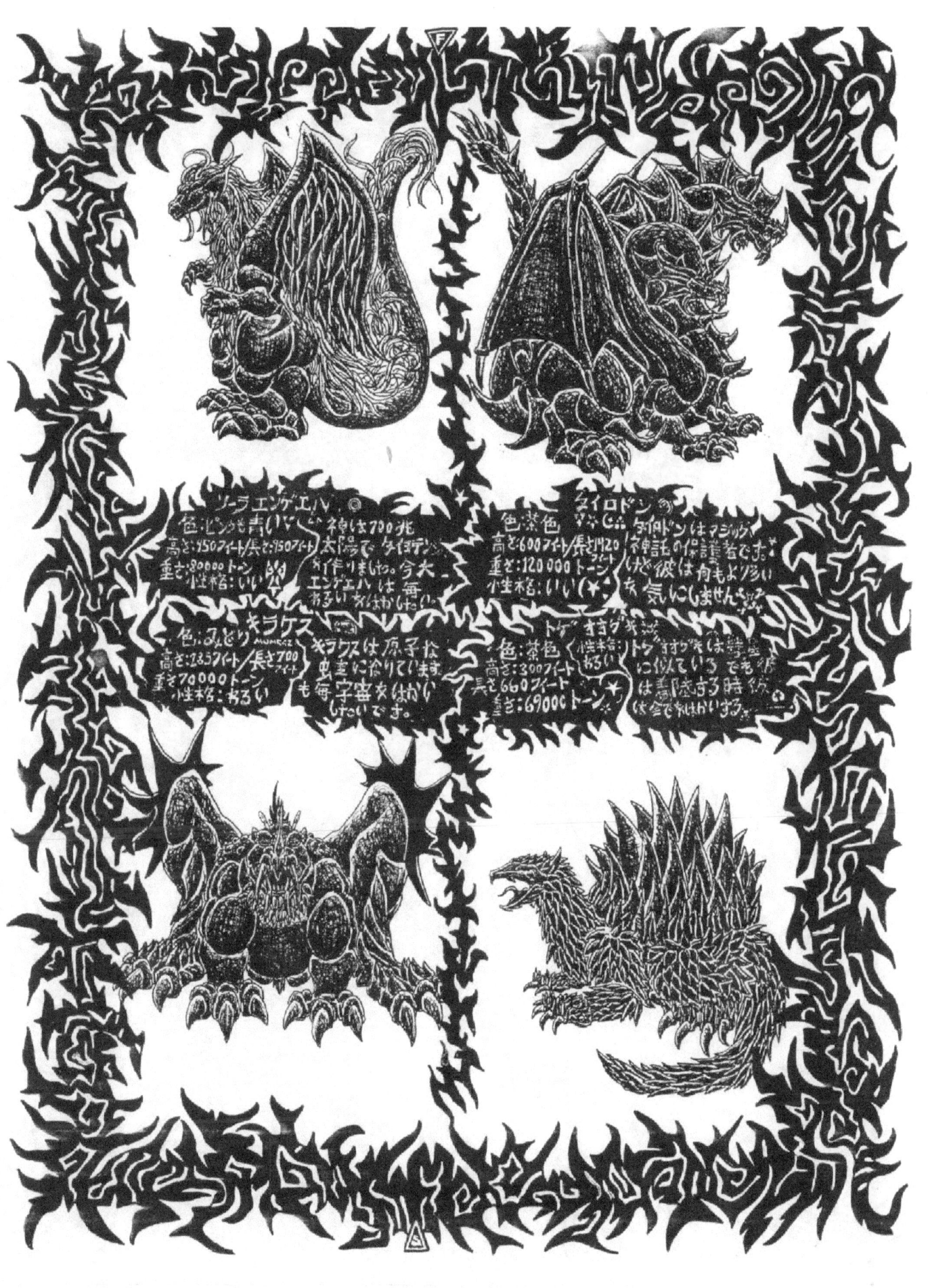

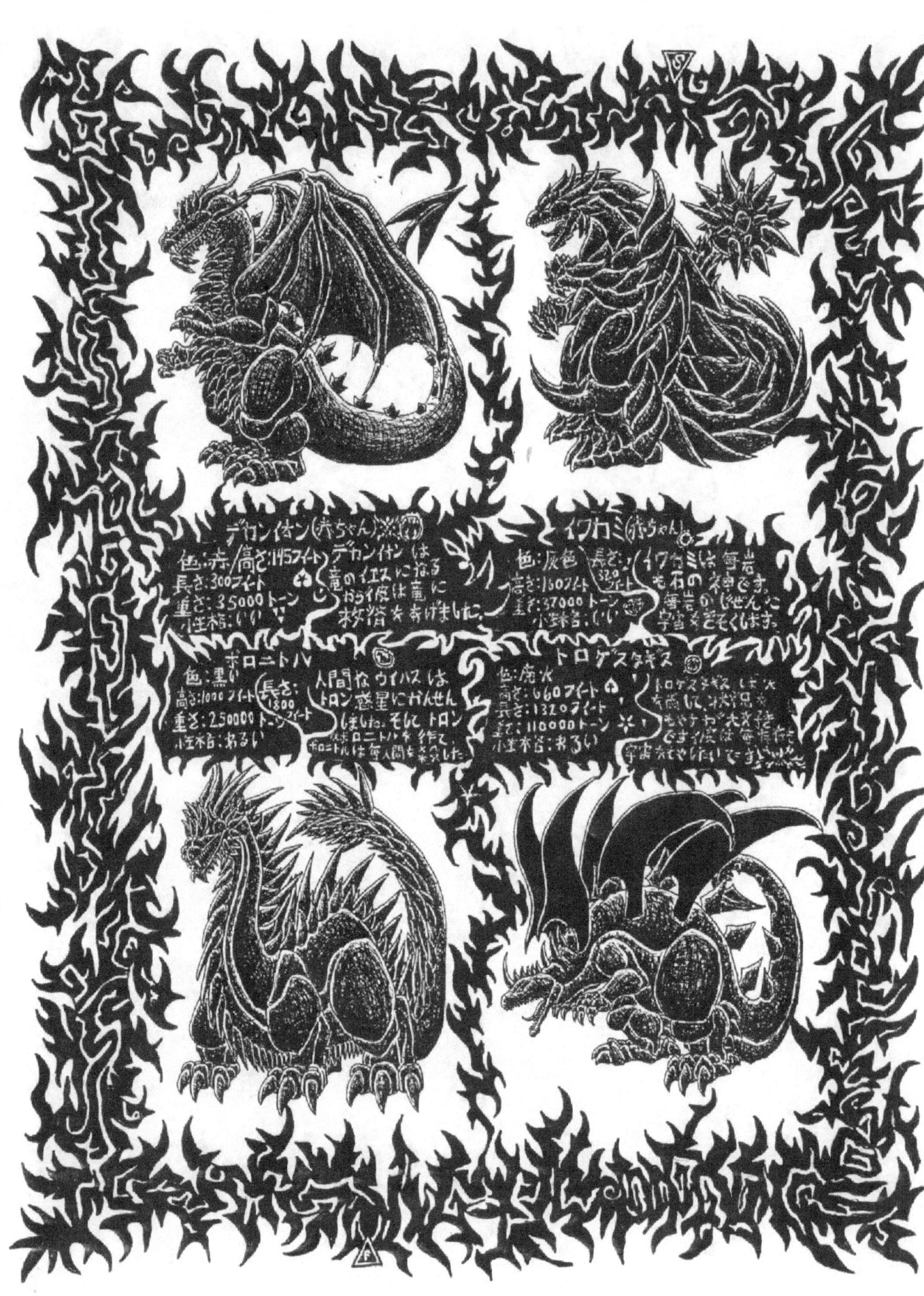

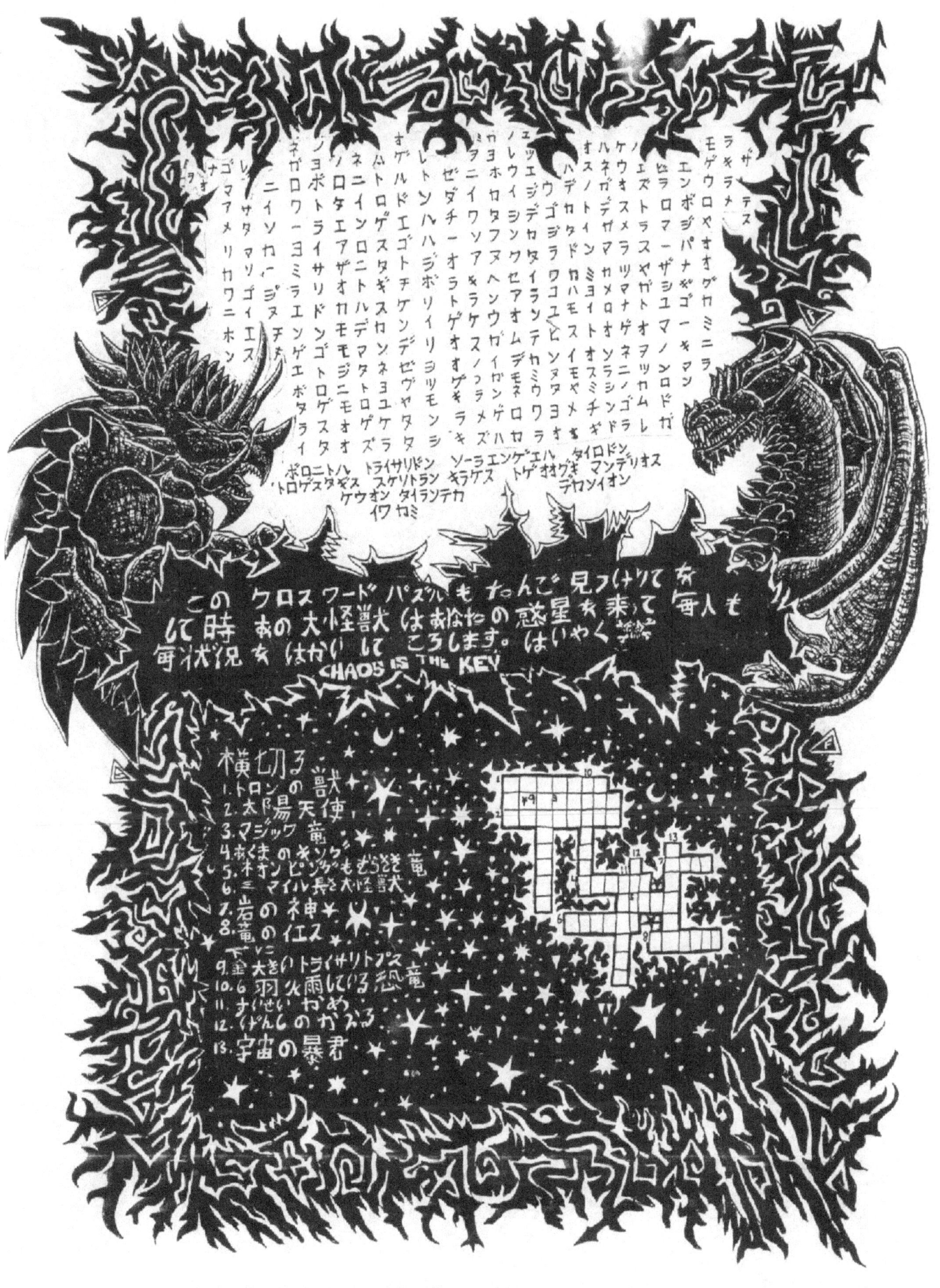

CHAOS IS THE KEY

この クロスワード パズル も なんど 見つけて 女
して時 あの大怪獣は あなたの惑星女来て 毎人も
毎状況女はかりして ころします。はいやく学⚡

横切る
1.トロンの獣
2.太陽天使竜
3.マジック竜
4.あくまのキング
5.オリンピックもむらさき竜
6.マイル長と大怪獣犬
7.山岩竜の神⚡
8.ののイエス
9.金大きいトライサリリトプス
10.6羽火雨している恐竜
11.ナいせいわめ
12.げんしのかみる
13.宇宙の暴君

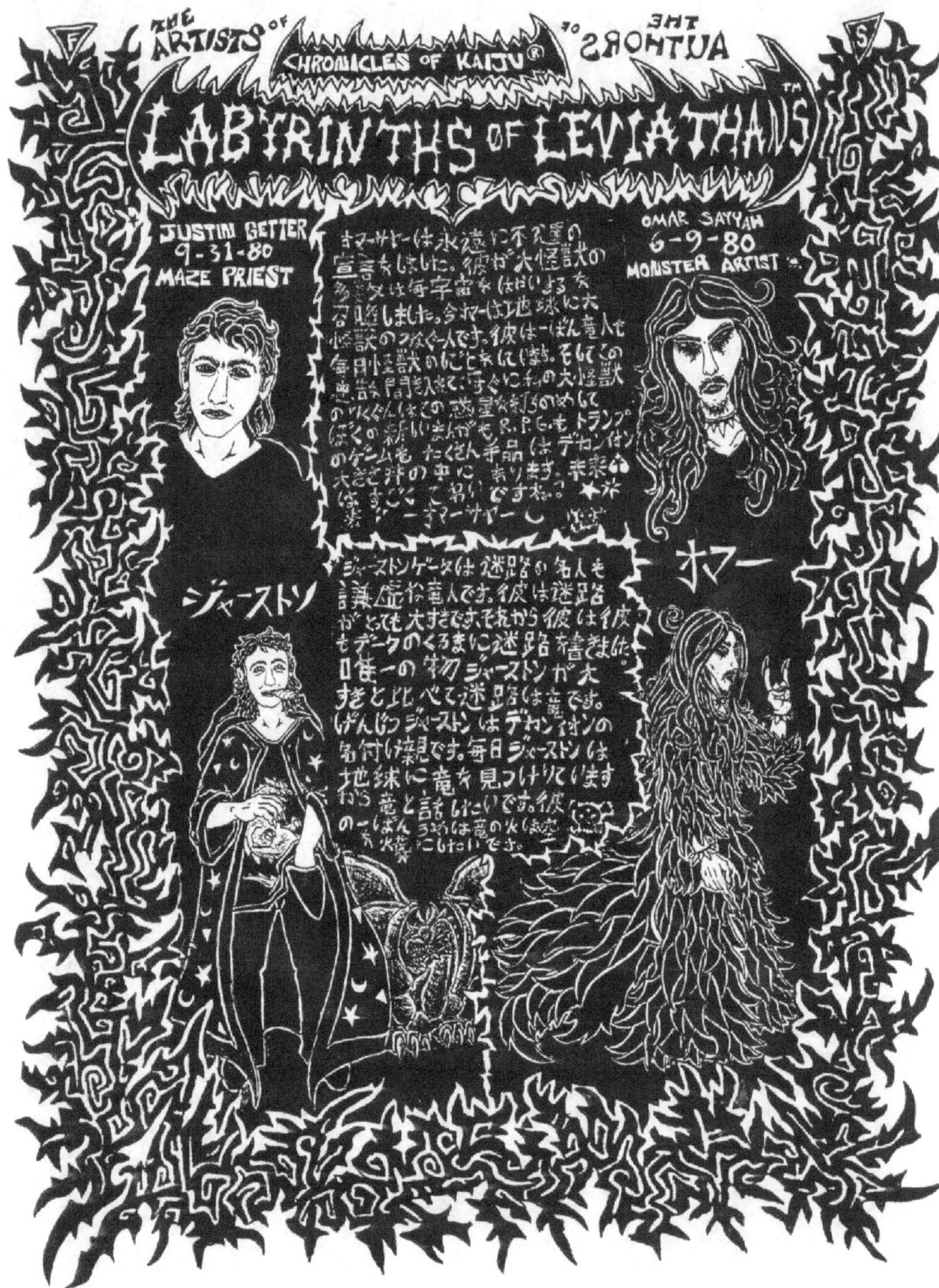

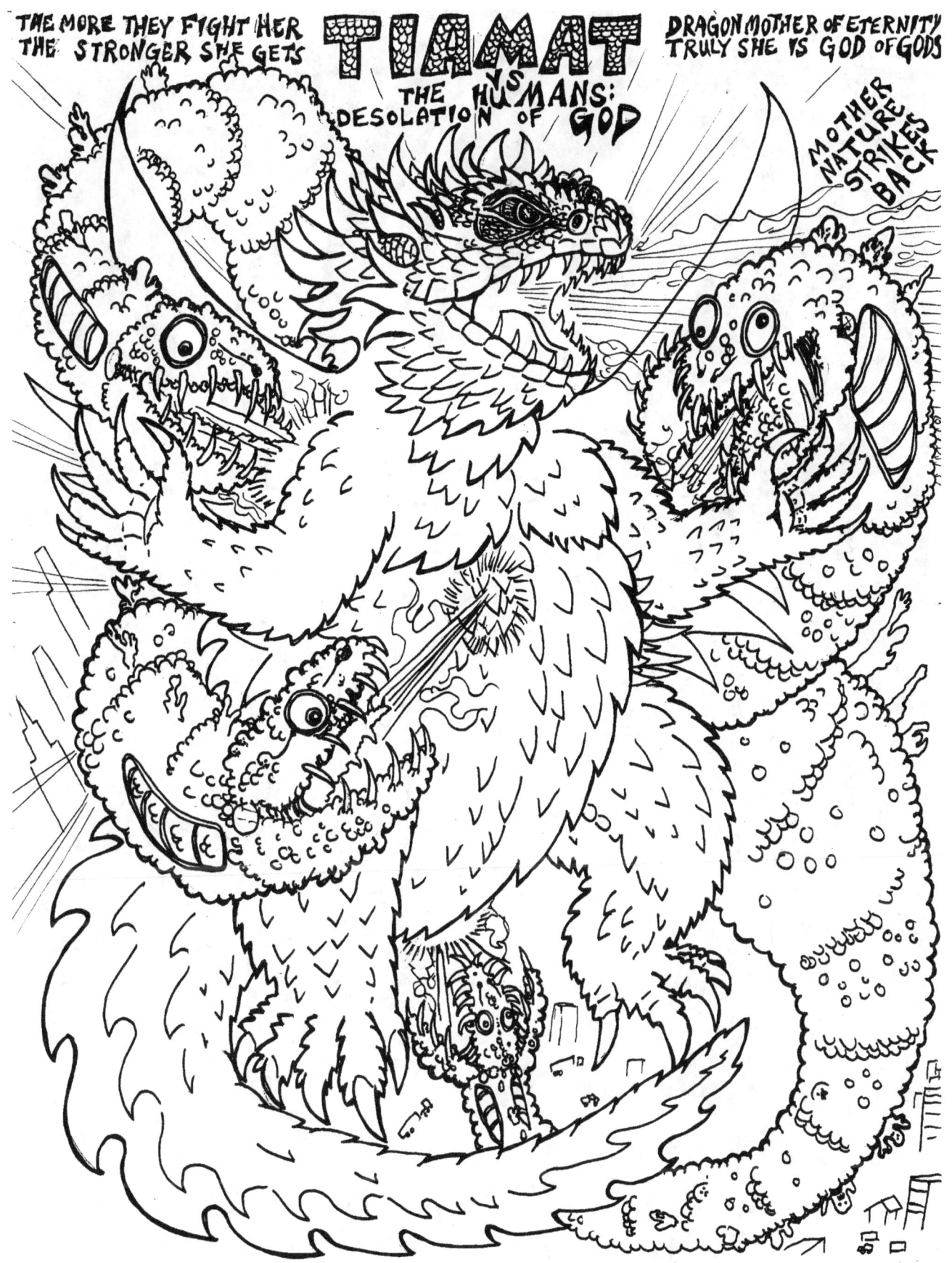

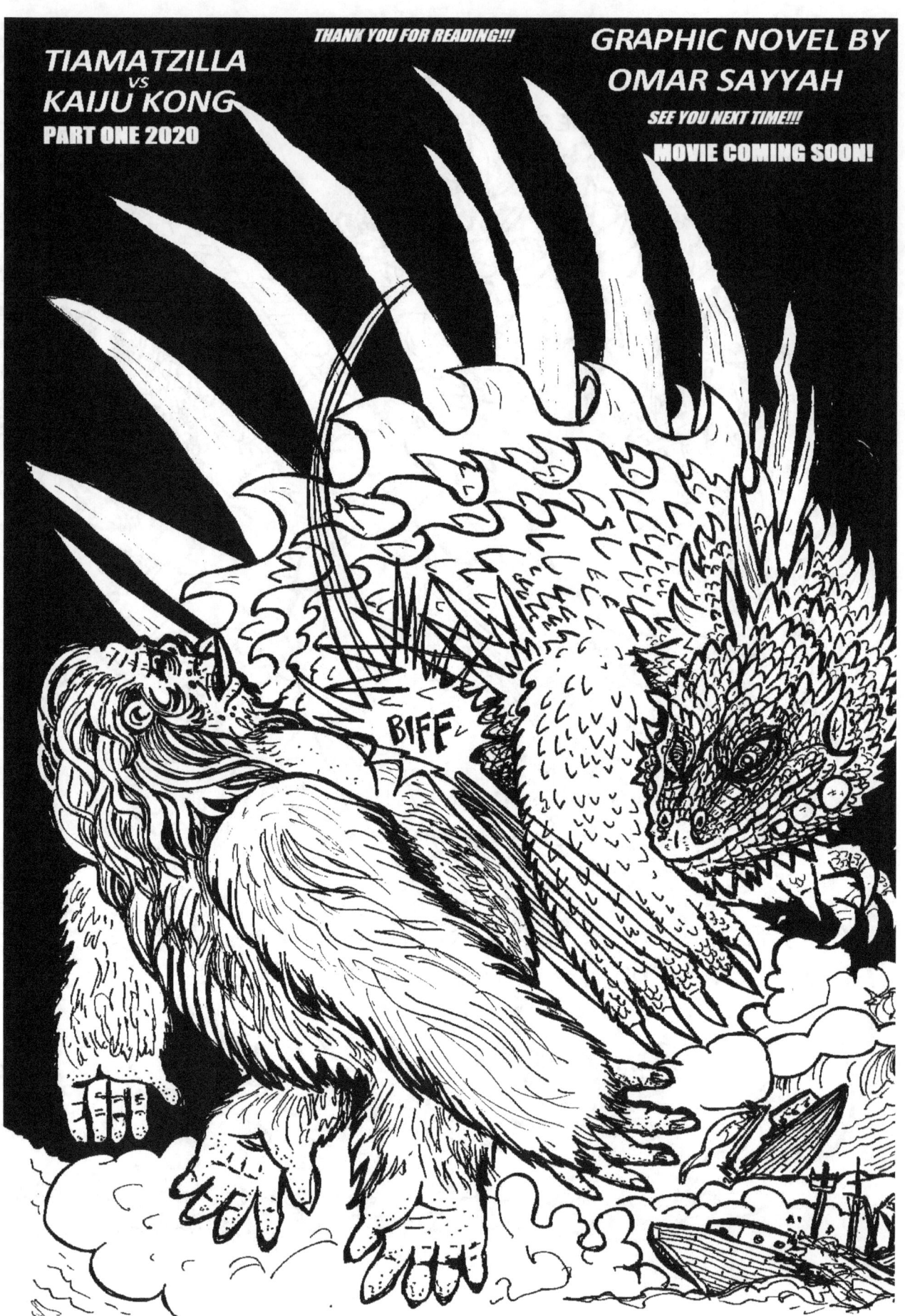

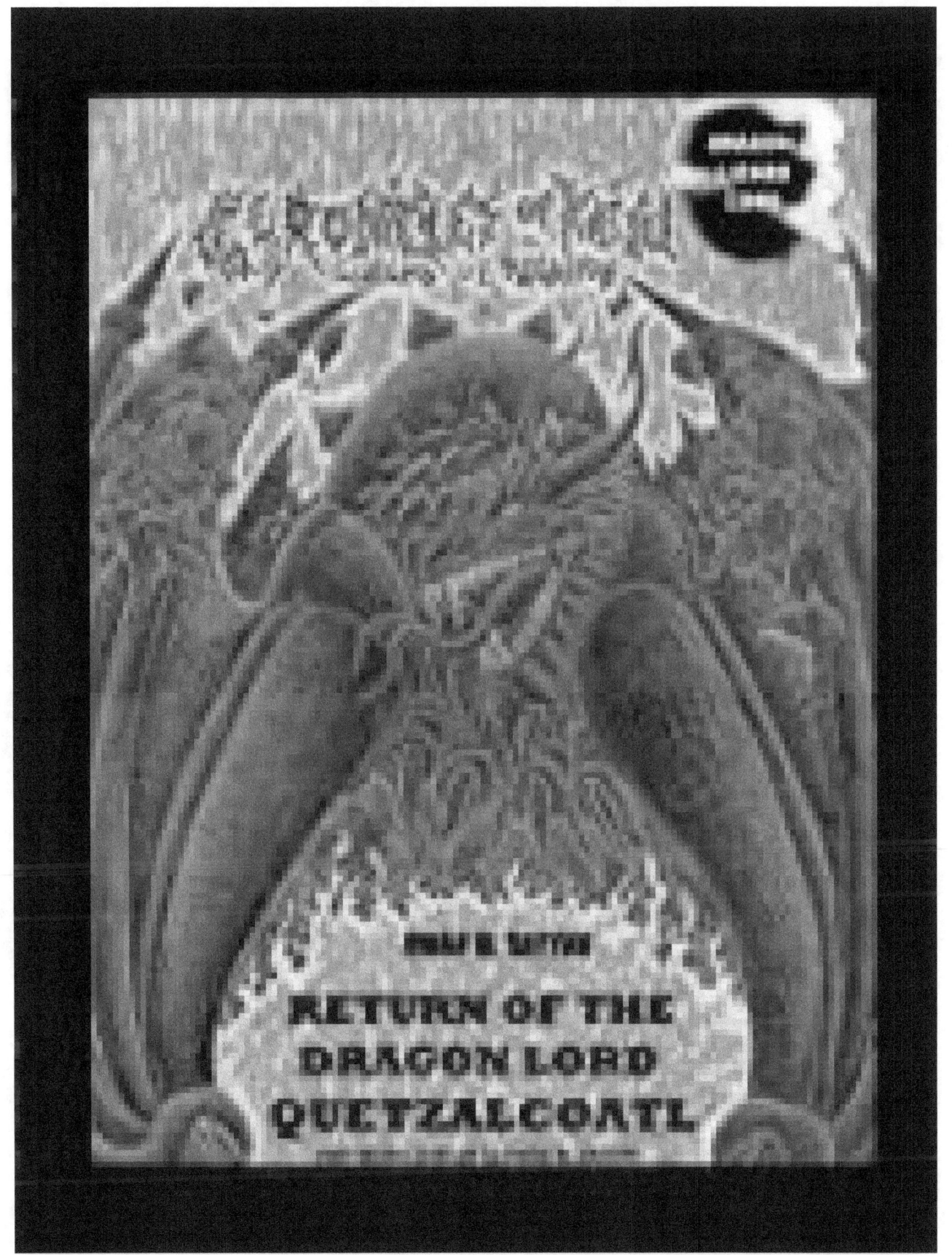

RETURN OF THE DRAGON LORD QUETZALCOATL

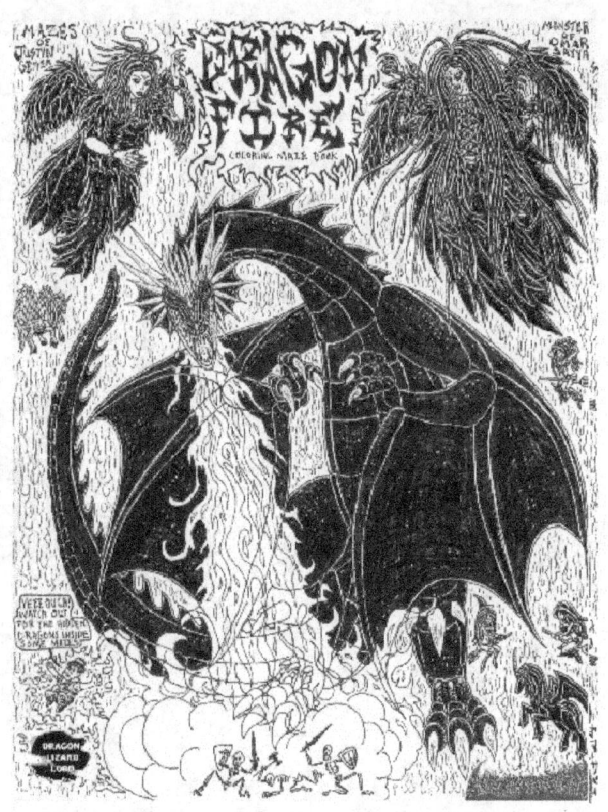

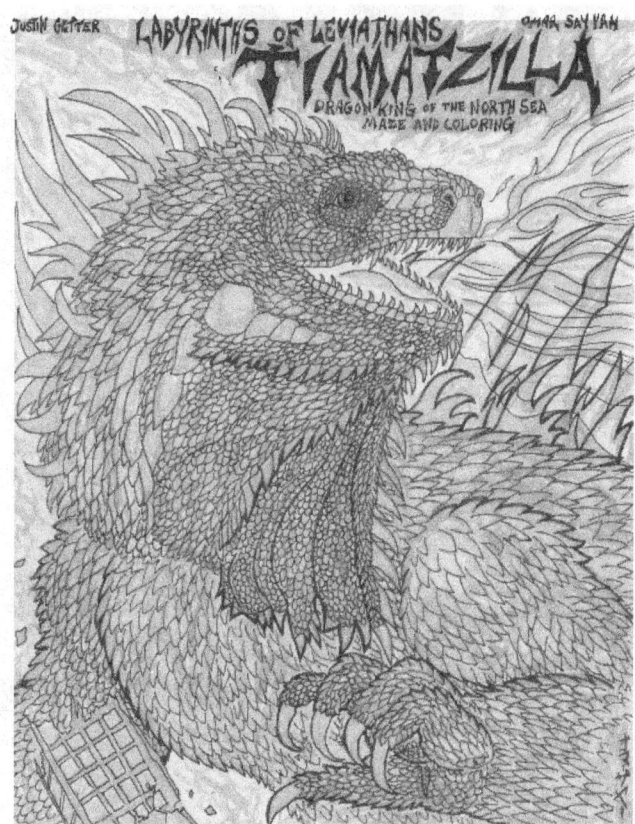

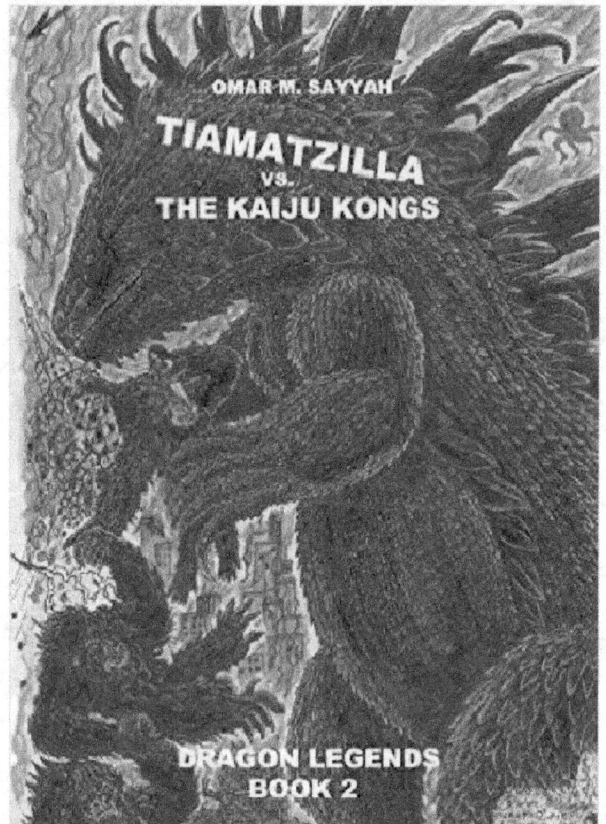

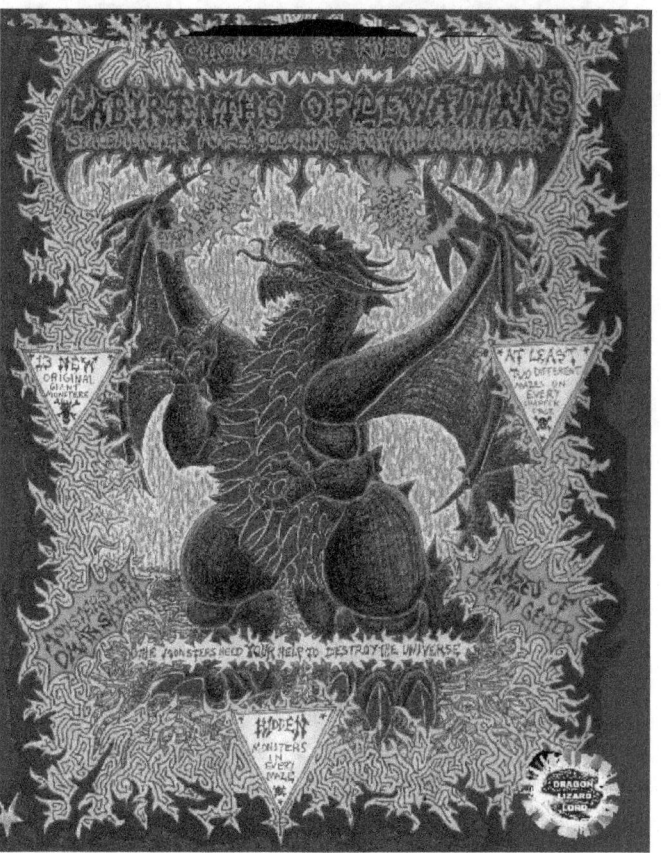